富创造

知识大揭秘

王塑峰◎编写

吉林出版集团股份有限公司
全国百佳图书出版单位

图书在版编目（CIP）数据

财富创造 / 王塑峰编. -- 长春：吉林出版集团股份有限公司, 2019.11（2023.7重印）
（全新知识大揭秘）
ISBN 978-7-5581-6293-0

Ⅰ.①财… Ⅱ.①王… Ⅲ.①经济学－少儿读物 Ⅳ.①F0-49

中国版本图书馆CIP数据核字（2019）第003227号

财富创造

CAIFU CHUANGZAO

编　　写　王塑峰
策　　划　曹　恒
责任编辑　林　丽　赵　萍
封面设计　吕宜昌
开　　本　710mm×1000mm　1/16
字　　数　100千
印　　张　10
版　　次　2019年12月第1版
印　　次　2023年7月第2次印刷

出　　版　吉林出版集团股份有限公司
发　　行　吉林出版集团股份有限公司
地　　址　吉林省长春市福祉大路5788号
　　　　　邮编：130000
电　　话　0431-81629968
邮　　箱　11915286@qq.com
印　　刷　三河市金兆印刷装订有限公司

书　　号　ISBN 978-7-5581-6293-0
定　　价　45.80元

QIANYAN 前言

财富是美好的，也是值得追求的。不必讳言，无论是对于个人，还是对于一个国家，拥有更多的财富总是一件好事情。在商业经济的时代，财富不仅是国家和社会强盛的基石，也是个人成就和能力的标志。合法的、干净的财富更会赢得人们的尊重和敬意。

自古以来，人们就懂得交换能够带来财富的增长。从丝绸之路到新航路的开辟，再到当今世界范围内的国际贸易，这些都是追求财富的活动。所以在社会当中，从事商业贸易的社会阶层的每一个人都是社会财富的创造者。

而在经济发展的新时代，一种新的经济形式——知识经济又展现在人类的面前。所谓知识经济，是指建立在知识的生产、分配和使用上的经济，它是相对于农业经济、工业经济而言的新的经济形态。知识经济把知识作为最重要的资源，把人创造知识和运用知识的能力看作是最重要的经济发展因素，其主要特点是信息化、网络化、智能化。

知识经济的到来带动了科学技术的进步、产业结构的变革，尤其是使信息产业一跃成为吸引世人眼光的产业明珠。同时，电子商务、虚拟企业、风险投资、科技园区、生物技术、头脑产业

前言 QIANYAN

等一个又一个知识经济时代的新事物也闪亮登场，让人目不暇接，并对社会生活进行了全新的改造，比如教育培训和终身学习的概念就是知识经济影响的结果。世界上的任何一个角落，都已经在或者将要接受知识经济的洗礼。知识经济方兴未艾，前途远大，已经给许多传统的产业带来了巨大的变化。当然，知识经济的发展也并非一帆风顺，但这仅仅是发展过程中的必要挫折。归根结底，在当今世界，知识和信息永远具有无可替代的重要地位。

古人云，君子爱财，取之有道。获得财富的手段和方法让每一个渴望财富的人都为之神往不已。对于个人的财富，也许可以归结为个人的智商、努力和运气。对于一个国家的财富，可以说有地理位置、资源占有、政治稳定以及人民节俭和勤劳等方面的功劳。但除此之外，创造财富的方法和手段，特别是一个社会的经济制度是至关重要的。

MULU 目录

第一章 新财富——知识经济

目录 MULU

MULU 目录

目录 MULU

MULU 目录

第二章 财富碰撞——创造财富的艺术

目录 MULU

第一章 新财富——知识经济

人类追求财富的脚步从来没有停止过，而当人类走过农业经济和工业经济之后，一种新的经济形式——知识经济又展现在我们面前。这种在全球化、信息化、网络化的推动下产生，以信息资源的占有、配置、生产和使用为最重要因素的经济形式给人类带来了许多新的气息。同时，它的出现也给传统经济学带来了不小的冲击，许多以前被奉为经典的理论在知识经济的冲击下也有了摇晃之感。

财富增长新动力
——知识经济

怀着对财富的渴望，人类将大量的资本和劳动力投入生产之中，财富也源源不断地被创造出来。随着传统经济的进一步发展，“边际收益递减规律”“资源稀缺原理”“经济周期法则”束缚了人类追求财富的手脚，传统经济留给我们的印象似乎也只剩下了发展乏力的生产、濒临枯竭的资源、日益恶化的环境……然而，从20世纪末开始，一种以知识资源的占有、配置、生产和使用为最重要因素的经济形式——知识经济迅速席卷全球，给人类带来了新的气息。

知识经济概念溯源

自工业革命以来，知识在经济发展中的作用就越来越大，学者们对这一现象的关注程度也越来越高。1912 年，德国经济学家熊彼特在《资本主义的经济和社会学》一书中就指出资本主义发展的根本原因是创新，而创新的关键就是知识和信息的生产与使用。1962 年，美国经济学家马克卢普又提出了“知识产业”一词。随后，更多的学者开始了这方面的研究，未来学家阿尔温·托夫勒、约翰·奈斯比特提出“社会的主宰力量将由金钱转向知识”“知识是我们经济社会的驱动力”。到了 1996 年，经济合作与发展组织（OECD）也正式使用了知识经济这个新概念。

知识经济素描

与农业经济、工业经济相比，伴随着信息化和全球化的知识经济显现出了鲜明的现代特征：科学和技术的研究与开发日益活跃；信息和通信技术逐渐处于经济发展的中心地位；服务业在经济中扮演了主要的角色，经济重心由制造业向服务业转移；人力的素质和技能成为经济发展的先决条件，以先进技术和最新知识武装起来的劳动力成了决定性的生产要素，人们开始感觉到了新技术对未来就业的巨大影响。

知识经济的引擎

知识经济的出现并不是空穴来风，全球化、信息化、网络化是推动其迅猛发展的三大驱动力。穿着舒服的服装、喝着可口的饮料，您享受这份舒适的时候全球化的脚步已经临近；打着移动电话，您感受这份迅捷的时候信息化的春风已经拂面；发着微信、玩着QQ，您感受这份悠闲的时候网络化的浪潮已经袭来。全球化、信息化、网络化是人类运用知识改变生活的结果，也是人类要在更深程度上生产、传播和利用知识的原动力，它们有如三台巨大的引擎推动着知识经济的列车急速前行。

美国“新经济”

1991 年以来，美国的经济增长率一直高于西方发达国家平均水平，1997 年第一季度更是达到了 5.8%。同时，伴随经济高增长的是通货膨胀率和失业率的持续下降，有人认为美国正享受着自越战以来经济成就最辉煌的时期。这种“两低一高”并持续发展的态势引起了全世界学者的关注，应该说，这轮经济增长的主要动力是高技术产业，特别是信息产业。尽管如何看待美国“新经济”在经济学界存在不同的看法，但可以看出美国“新经济”是知识经济的典型代表。1997 年时任美国总统的克林顿在一次公开演讲中也指出，“新经济”的实质就是知识经济。

传统经济理论的困惑

“菲利普斯曲线”早就断定低通货膨胀率和低失业率不能同时存在或至少不能长期共存，而美国经济却出现了“两低一高”并持续发展的态势。弗里德曼关于通货膨胀是由政府印制过多钞票造成的理论，在经济学家解释货币现象时被普遍应用。然而，美国却又出现了货币供应量猛增而通货膨胀率下降的现象。新的经济现象使传统的经济理论产生了巨大的困惑，一些原本作为永恒规律传授的经济原则现在看来似乎变得不再真实了。当然，大多数经济理论是能经得起考验的，并且随着经济形势的发展，也出现了知识经济条件下经济发展的新理论。

数字革命

知识经济的浪潮冲刷着经济学的海岸，在它带来的五彩斑斓的贝壳中数字经济学是十分显眼的一只。顾名思义，数字经济学就是研究以计算机为特征的信息技术对社会经济新作用的学科。唐·塔普斯科特在其所著的《数字经济时代》中指出，信息技术的革新掀起了新时代的数字革命，这将彻底地改变经济增长的方式和世界经济的格局。同时，他还预言了数字经济时代的 12 个发展趋势。不过，塔普斯科特也特别强调，新的科学将使未来社会两极化现象更加严重，而现在的法律、规范也将不足以应对新时代的需要，因而未来出现混乱的局面也是有可能的。

大起大落已成往事
——新经济周期理论

经济周期反映了经济活动总体水平的波动，它一般分为谷底、复苏、繁荣、衰退四个阶段。新经济周期理论认为经济周期将日益温和，经济的大起大落将成为过去。美国伯克利大学的教授史蒂文·韦伯在美国很有影响的《外文》杂志上发表文章表达了这一思想，并得到了许多经济学家的认同。当然，并非所有的人都对经济周期抱着这样乐观的态度，一些经济学家认为，经济面临的挑战依旧，应利用繁荣时期积蓄的力量来准备迎接困难时期的到来。保罗·克鲁格曼也曾在同一期的《外交》杂志上强调，不应对经济周期已结束和通胀减轻的理论抱有幻想。

知识创造财富——新增长理论

伴随着科学技术的飞速发展，越来越多的经济学家开始了对技术、知识与经济发展之间关系的思考。保罗·罗默和他的新增长理论就是这种思考的重要代表。新增长理论是经济学的一个分支，经济增长的基本原理是它的研究对象。罗默认为，好的想法和技术发明是经济发展的推动力量，知识的传播以及它的变化和提炼是经济增长的关键，当知识相当丰富且可以低成本复制时，收益递减的法则也将不再成立。从200多年前亚当·斯密的《国富论》起，经济学家们对于国家如何致富的争论一直没有停止过。

信息产业抢得头把交椅

知识经济最为鲜明的特征是信息技术的广泛应用和发展，这就导致信息产业抢占了产业发展的头把交椅。从狭义上讲，信息产业包括信息设备制造业与信息服务业；而从广义上讲，信息产业还包括信息生产业和信息传输业。目前，信息产业的规模已经超过任何传统产业，全球 GDP 中已经有 2/3 以上的增加值与信息产业有关。信息资源也已经与能源、材料等自然资源并列为人类社会的重要资源,成为影响一国的综合国力和在国际竞争中地位的主要因素。现在,世界各国都在继续加快信息产业的发展，以求得在知识经济浪潮中赢得搏击的空间。

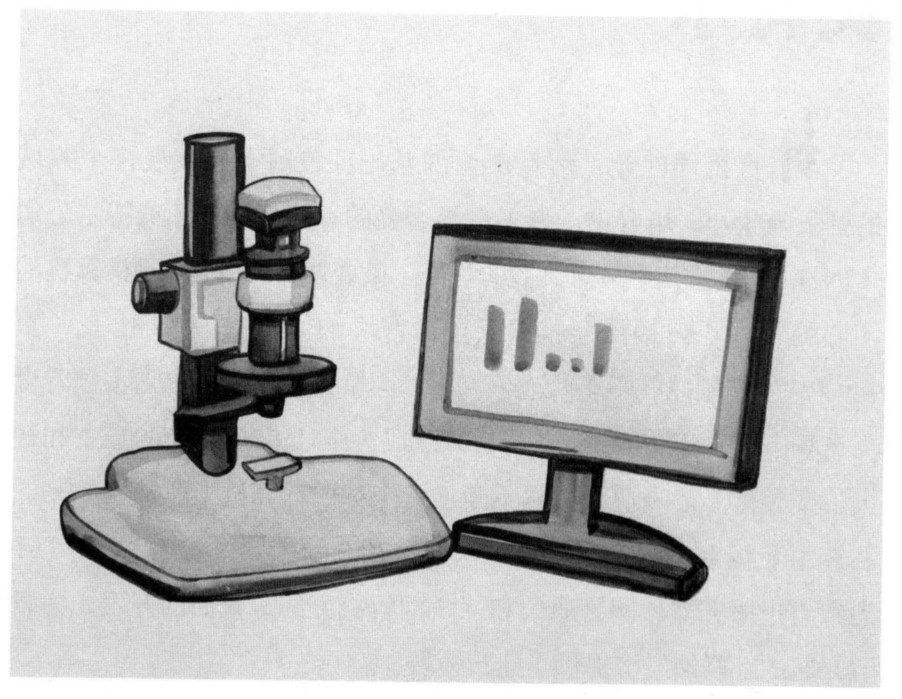

英特尔

计算机硬件业是信息产业的基础，美国十分重视这个领域的开发与生产，培育出了许多世界著名的计算机厂商，英特尔公司（INTEL）就是其中最为典型的一个。微处理器（CPU）是计算机的“心脏”，自从1971年推出了全球首块CPU以来，INTEL就一直在CPU生产领域处于垄断地位，它的奔腾系列产品牢牢地占领着世界市场。成立于1968年的INTEL已成为全球CPU生产的霸主和最大的半导体芯片制造商，它不断地为全球的计算机工业提供CPU、芯片组及板卡。同时，作为全球信息产业的领导公司之一，INTEL还致力于服务器、网络通信和互联网解决方案等方面的开发，为日益兴起的互联网经济提供了建筑模块。

AMD

AMD 创办于 1969 年，是全球第二大个人电脑 CPU 制造商，是美国财富杂志及标准普尔等机构选出的 500 强公司之一。AMD 从成立起就一直在追赶 INTEL，AMD 与 INTEL 之间的持久抗争更是创造了硅谷的历史。然而，在个人计算机芯片行业，遭遇了 INTEL 这样的对手，AMD 总是遍体鳞伤。2002 年 3 月底，英特尔公司市值 2050 亿美元，而 AMD 刚好是它的零头——50 亿美元；INTEL 每年利润都有几十亿美元，而 AMD 在 2000 年开始赢利前的 5 年内都是赤字高挂。但是，正是 AMD 与 INTEL 的竞争使得 CPU 市场迅速发展，人们才得以用上更加便宜的 INTEL 的 CPU。

“龙芯”横空出世

CPU生产是 IT 产业的核心，而全球计算机上的通用 CPU 几乎都出自美国。2002 年 8 月 10 日，一个历史性的时刻到来了，中国人结束了只能用外国的 CPU 制造计算机的历史，“龙芯 1”（Godson-1A）CPU 成功地运行了 LINUX（Kernel2.4.17）。“龙芯 1”处理器采用动态流水线结构，定点和浮点的实际运算能力都达到每秒 2 亿次以上，其实际性能已经达到 20 世纪 90 年代中后期国际先进水平。2002 年 9 月 26 日，曙光公司发布了第一款具有完全自主知识产权的服务器，在这台服务器上运行的就是“龙芯”。

微软的数字帝国

微软于 1975 年 4 月 4 日成立，并且于 1981 年 6 月 25 日重组为股份制公司。经过 30 余年的发展，微软在世界计算机软件市场占据了明显的垄断地位，微软以其 Windows 操作系统、Office 产品套件、NET 商务平台等技术为支撑在世界范围内建立了它的数字帝国，而帝国的元首比尔·盖茨也成为当时世界首富。当然，伴随着这个数字帝国的建立，人们对微软的垄断也表现出了强烈不满，甚至有人称未来将出现“人类与微软”的战争。

SUN

SUN公司成立于1982年，总部在硅谷，1986年在纳斯达克上市，2001财年营收额183亿美元，斯科特·麦克尼利是SUN公司的创始人之一。斯科特·麦克尼利于1984年开始担任SUN公司CEO，带领SUN走上了持续增长的道路。SUN成立20年来的特立独行使麦克尼利被公认为“硅谷反微软联盟的领袖”，每当微软有所行动时，大家都会不自觉地把眼光转向SUN，希望SUN能站出来领导大家与微软分庭抗礼。麦克尼利有一句流传极广的名言——“我不想让我的孩子生活在只有微软的世界里。”

用友

用友公司创立于 1988 年 12 月，前身为个体性质的“用友财务软件服务社”。创业初，只有王文京与搭档苏启强靠 5 万元借款起家。而今天，用友已成为国内知名的财务及企业管理软件企业。2001 年 5 月 18 日，用友软件成功上市，股票以 76 元开盘，一路直升至 100 元大关，终盘报收于 92 元。用友软件成为新股上市首日开盘价和收盘价最高的股票，这为中国软件业创造了一个财富神话，为全国民营科技型企业选择融资之路提供了有益借鉴。

中软

1990 年 7 月，机械电子工业部决定将下属的中国计算机技术服务公司和中国软件技术公司合并为中国计算机软件与技术服务总公司（中软）。这两家公司，前者成立于 1980 年，主营业务是在当时利润丰厚的长城 PC 销售；后者成立于 1984 年。两家公司合并后，基本上放弃了利润可观的 PC 销售业务，转而投入底子薄、起步晚的软件产业。经过十余年的发展，中软拥有了众多国内领先的软件产品和技术，并广泛渗透于金融、电信等关系国民经济命脉的重要领域，在社会上拥有良好的品牌和信誉。

东软

2001 年 5 月，东软实施品牌战略整合，将东方软件有限公司更名为东软集团有限公司，并将旗下沈阳东大阿尔派软件股份有限公司等 7 家控股公司进行更名，东软集团逐步走出了从一个大学实验室，到校办企业，到中外合资公司，再到社会公众公司的发展历程。经过 10 年的发展，东软已成为拥有员工 4500 余名、注册资本 5.6 亿元、总资产 25 亿元的大型软件开发公司，是目前中国最大的软件企业集团之一，并在应用软件和解决方案领域保持着领跑者的地位。

电信业飞速发展

随着知识经济时代的到来，人们之间信息的传递变得越来越频繁，人们对于信息传递速度和规模的要求也越来越高。于是，在这种背景下，几乎各国的电信业都开始了扩张式的发展。世界各国在继续积极发展固定电话、移动电话等传统电信业务的同时，纷纷开始了“信息高速公路”的建设。互联网逐渐成为人们信息传递最重要的方式，成为各国电信巨头们竞争的新焦点。互联网的开发与建设推动了电信业扩张，刺激了电信产品的生产，并为各国经济发展注入新的活力。以美国为例，互联网建设是继铁路网建设和高速公路网建设之后，为其带来了经济上的第三次大腾飞。

网络时代的机遇与挑战

遵循互联网协议的数据通信的急速发展是现代电信业的一个显著趋势。短短几年间，因特网从一个“游乐场”变成了一个庞大的通信中心和商业中心。因特网引起的巨变对经济的发展产生了深刻的影响，它既创造了无数个崭新的商业机会，也毁灭了许多种陈旧的经营方式。能及时地适应网络，并将其运用到销售、生产和客户服务等传统业务中的企业将不断发展壮大，而对于那些对网络的潜在价值视而不见的企业来说，前景就不那么乐观了。

AT&T

美国电报电话公司（AT&T）的成长经历了许多的分分合合。1984 年，美国政府依据反托拉斯法，强行将其一分为七。保留原公司名称的 AT&T 只经营长途电话业务，另外成立了西南贝尔、太平洋电讯、纽新公司、大西洋贝尔等公司。后来，为了促进竞争，美国政府又放松电信业管制。1996 年，大西洋贝尔买下了纽约地区的纽新公司，西南贝尔收购太平洋电讯。这时，AT&T 为了继续保持龙头地位和开辟进入地方电话市场的捷径，也开始收购其他公司。但由于引起了再度形成垄断的嫌疑，收购的路程举步维艰。

NTT——日本电信的龙头

多年以来，日本的电信业一直被国际电信电话株式会社（KDD）和日本电信电话公司所垄断。KDD 经营国际通信业务，电信电话公司经营国内通信业务。1985 年，日本政府修改通信法，引入了竞争机制，第二电信电话公司、日本高速通信公司相继成立，美国和英国的电信公司也乘机打入了日本市场。而一直处于垄断地位的日本电信电话公司也改组为股份制公司，举世闻名的日本电信电话株式会社（NTT）由此诞生。2000 年 10 月，为了对抗来自 NTT 的威胁，第二电信电话公司、KDD 和日本移动通信公司正式合并。

电子商务

悠闲地坐在屋中，手上做几个简单的点击动作，没多久有人轻轻地敲开您的房门，满脸微笑地送来可口的食品、华丽的衣裳……足不出户就能买到所有您喜欢的东西，这看来有些神奇，然而有了电子商务，这一切就变得再平常不过了。电子商务改变了人们的生活方式，现代经济也由此显现出了更旺盛的生命力。当然，电子商务并不仅仅是网上购物，网络银行、网上证券等也都是它的实现形式。电子商务是整个经济活动的电子化过程，是借助于电子信息技术、网络互联技术和现代通信技术，按照规定的原则和管理规范，完成商业交换和行政作业的过程。

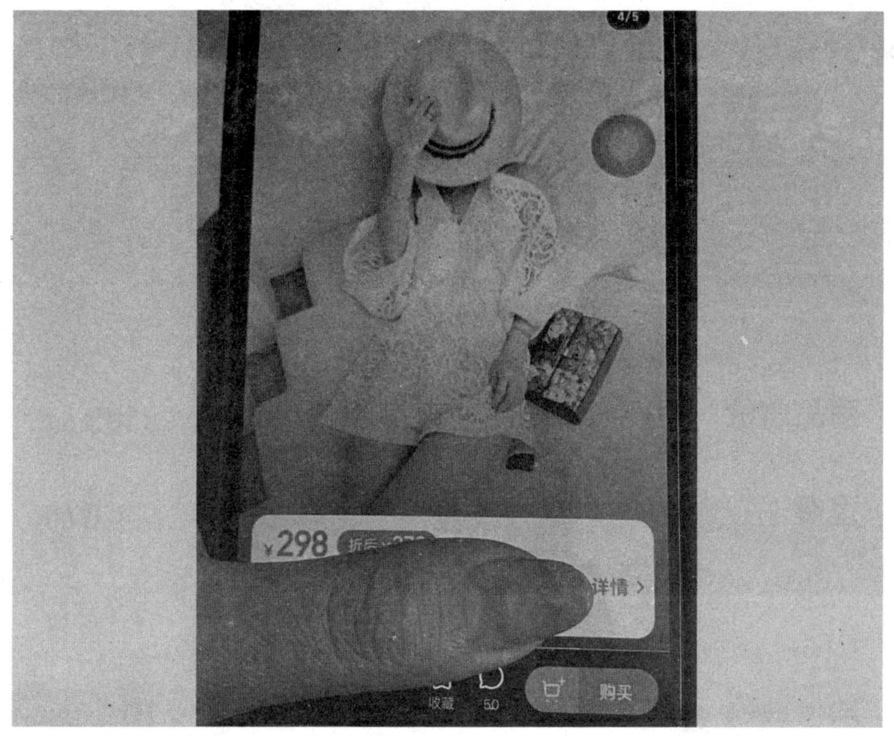

BtoC&BtoB

感受了电子商务的神奇，当您也要来一次“线上交易”的e体验时，我们先把电子商务的两种主要交易方式介绍给您。电子商务，因交易主体的不同分为“企业和消费者之间”（BtoC）与“企业之间”（BtoB）两种主要方式。前者以零售业和服务业为主体，并以银行的信用卡连线清算服务和物流公司的配送服务保证交易的实现；后者主要是依靠“生产、筹措、运用支援综合信息系统”（CALS）或“电子资料互换”（EDI）等手段，推动零售商、批发商或厂商的“商业步骤重整”（BPR），进而实现业务的合理化和成本的大幅度降低。

条纹醋酸棉 多色条…　¥108.00

x1

7天无理由退货

付款后,48小时内发货

商品总价	¥108.00
运费	¥0.00
	-¥2.16
需付款	¥105.84

从互发邮件到在线交易

电子商务达到今天这样便利快捷的程度也非一蹴而就。电子商务的发展大体经历了四个阶段：第一阶段，人们在因特网上互发电子邮件来传递信息；第二阶段，企业在网上建立站点，并将其形象和产品信息发布到了上面；第三阶段，人们在网上进行信息交流；第四阶段，这个阶段是电子商务的最高境界，人们不再仅仅依靠因特网来进行各种相关信息的发布和收集，而真正实现了网上交易、网上结算，即实时在线交易。

虚拟世界我该相信谁

在虚拟的网络世界中,无数绚烂的光芒吸引着人们驻足,然而,需要提醒您的是,一些光芒有可能会刺痛你的眼睛。在提供高效便捷的同时,电子商务也暗藏了许多危险。网上交易的安全性、真实性、完整性和不可抵赖性一直是人们最为关心的问题。为了保证交易的顺利进行,数字证书及其签发机构——证书认证中心(CA)应运而生。数字证书是交易参与者在网上进行信息交流及商务活动的身份证明;证书认证中心是交易中受信任的第三方,负责数字证书的发放和合法性检验。

CFCA——中国金融认证中心

根据中国电子商务发展的需求，由中国人民银行牵头，中国工商银行、中国建设银行、中国银行、招商银行等 12 家商业银行联合组建了中国金融认证中心（CFCA）。该中心专门提供证书服务，并负责组织和参与有关网上交易规则的制定，确立相应的技术标准，提供网上支付，特别是跨行支付的相互认证等。CFCA 建设项目自 1999 年 2 月正式启动，它采取了世界上最先进的安全认证技术及公安部认可的安全产品，同时按照国家的有关规定，对系统中的密码产品模块进行了本地化设置。2000 年 6 月 CFCA 建成并正式投入运行，从此中国电子商务的发展上升到了一个新的阶段。

CTCA——中国电信 CA 安全认证系统

中国电信于 1996 年开始了电子商务安全认证的研究工作，1999 年 8 月，中国电信 CA 安全认证系统（CTCA）通过国家密码委员会和信息产业部的联合鉴定，并获得国家信息产品安全认证中心颁发的认证证书，成为国内首家允许在公开网络上运营的 CA 安全认证系统。CTCA 系统具有国内自主的知识产权，功能完整，运行稳定，技术先进。CTCA 系统有完善的证书发放体系和管理制度。体系采用三级管理结构：全国 CA 安全认证中心（包括全国 CTCA 中心、CTCA 湖南备份中心）、省级 RA 中心以及地市业务受理点。系统为参与电子商务的不同用户提供个人证书、企业证书和服务器证书。

一石激起千层浪

电子商务打破了时空的界限，改变了生产和消费的形式，但同时它也引发了一系列的新问题。首先，安全性是电子商务中无时不在的问题。目前，即使是最成熟的技术也只是原有技术的集合，面对黑客的袭击仍然显得力不从心。其次，在媒介“虚拟化”的国际交易中，参与主体的多国性、流动性使各国基于属地和属人的税收征管原则受到了挑战，对纳税主体、纳税客体、纳税环节和地点的确定也都变得困难。此外，对于电子合同和单证的有效性的确认、虚拟化和网络化条件下的知识产权保护、商务争端的解决等问题在各国法律上还缺乏明确的规范。

电子商务的润滑剂

相信您对电子货币的概念一定不会陌生，然而我们这里要强调的是，电子货币系统更深层次的意义在于它是发展电子商务的基础和保证。有了电子货币的润滑作用，电子商务才得以更加顺利、高效地实现。目前，相继推出的各种电子货币主要有三种类型：银行卡，采用专用设备在线刷卡记账、POS 结账、ATM 提取现金以及在因特网上通过 SET 协议进行网络直接支付的系统；电子支票，将支票内容全部电子化，借助于因特网完成支票传递，实现银行客户间资金结算的系统；电子现金，用由加密序列数表现的现金进行网上支付的系统。

不听话的孩子

电子货币鲜明的网络特征使它从一“下生”就被中央银行看成是一个“不听话的孩子”。首先，由于允许客户通过电子指令在瞬间实现现金与储蓄、定期与活期存款之间的转换，电子货币模糊了货币划分的层次，这导致央行货币政策中介目标中的总量性目标的合理性和科学性下降。其次，由于电子商务交易平台和电子货币市场的开放性使央行在测定电子货币量和制定货币政策时必须与有关国家进行相关政策的协调，这又使货币政策的独立性大受影响。此外，减少铸币税收入、影响通货的发行机制、干扰货币政策的传导等也是这个“孩子”爱惹的祸。

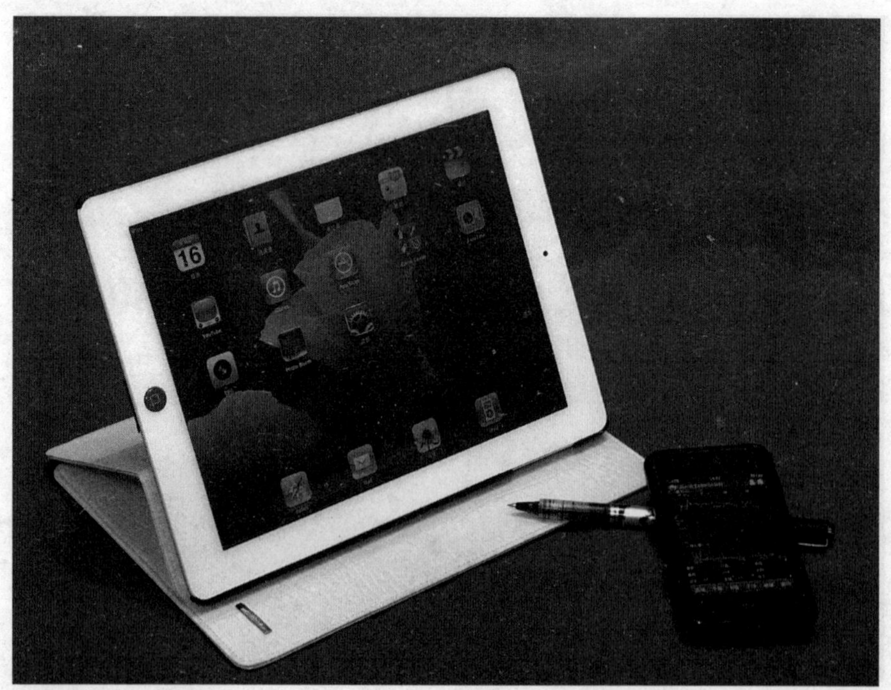

看住您的电子货币

电子货币“生长”在网络上，网络安全是其生死攸关的大事。然而在安全性这方面，网络的表现却往往不尽如人意。美国安全专家对其挂接在因特网上的 1.2 万台计算机进行过一次安全测试，结果成功入侵 80%。另有资料显示，美国每年由信息与网络安全问题造成的经济损失达到了 75 亿美元左右，企业电脑受到侵犯的比例也占到了 50%。显然，在这样的网络环境下您的电子货币时刻都有被窃的可能。此外，那些可以匿名使用的电子货币还可能成为洗钱、逃税、行贿等犯罪活动的工具。不过，随着技术的进步和规则的完善，电子货币必将成为安全、高效的支付手段。

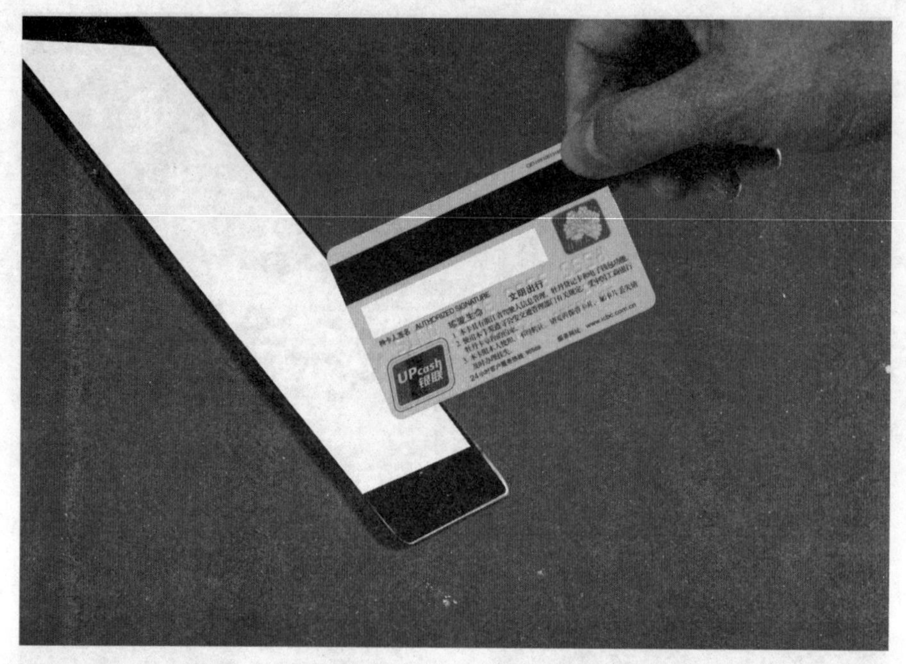

CyberCash——到网上刷卡

1994 年，CyberCash 公司推出了以信用卡为基础的网上支付系统。在这个系统中，CyberCash 服务器是消费者、商户及它们的开户行之间传递信息的“安全通道”。在网上购物时，消费者先将欲购商品的数量、金额和信用卡号等信息传给商户，商户再将其中与结算相关的信息（信用卡号、消费金额）通过 CyberCash 服务器传给自己的开户行，商户开户行据此同消费者开户行联系，双方确认交易真实性后划转资金，随后通知商户和消费者转账成功，商户得到通知后立即送货。

Echeck——电子支票的典型

Echeck 是美国金融服务技术联合会组织开发的电子支票系统。Echeck 于 1998 年 6 月开始进行使用实验，美国财政部对 50 个美国国防部的产品供应商的网上采购使用了 Echeck 电子支票进行支付。Echeck 使用比较简单，首先是付款方用称作“电子支票簿”的软件生成电子支票，并通过因特网发送给收款方，然后收款方根据收到的电子支票用自己的“电子支票簿”软件生成进账单并发送给银行，最后银行在确认双方身份之后，根据电子支票的内容，把款项从付款方账户划转到收款方账户，这样无须客户亲自到银行办理手续转账就可以顺利完成了。

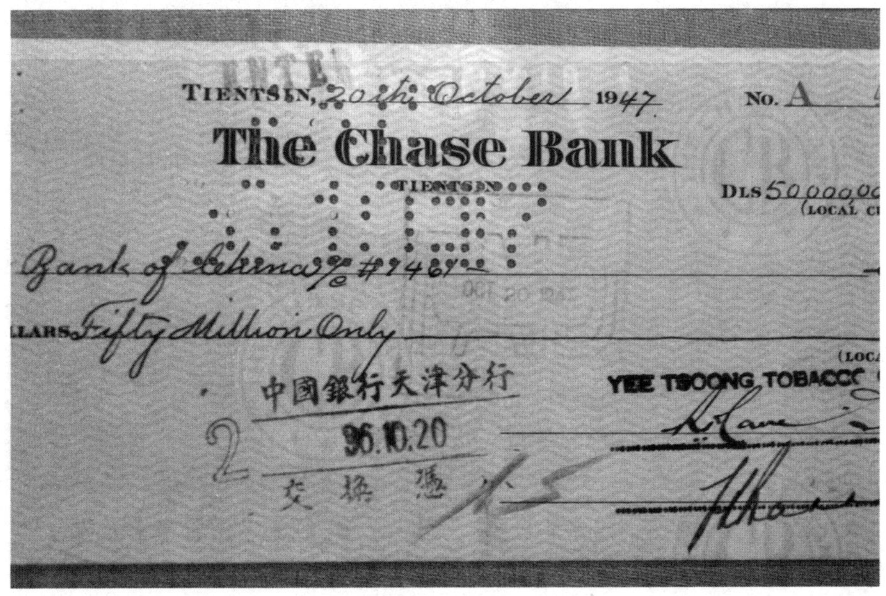

Ecash——电子现金的代表

Ecash 是由 Digi Cash 公司开发的一种无条件匿名电子现金系统，1995 年首先由美国密苏里州圣路易斯一家银行用于网上支付。Ecash 系统的参与者为客户、商户和银行。客户和商户在 Ecash 银行开立账户，客户可以从银行账户中提取电子现金并存到自己的 Ecash 钱包里。Ecash 钱包负责储存和管理客户的电子现金，并保存所有的交易记录。客户的 Ecash 钱包里有了电子现金后就可以到商户的网站上购物。消费时，商户将客户的电子现金送到银行，银行先辨别该电子现金的真伪和是否消费过，然后银行将合格的电子货币存入商户账户并通知商户，此时商户就可以将商品送出了。

网络银行

如今，网络不但可以帮您省下逛商场的时间，而且网络银行的出现还能为您免去跑银行的麻烦。网络银行就是指通过因特网将客户的电脑终端连接至银行网站，将银行服务直接送到客户家中或办公室的银行服务方式，它使客户足不出户就可以享受到综合、统一、安全、实时的银行服务。服务内容主要包括对公、对私的各种零售和批发的全方位银行业务。网络银行代表着一种全新的业务模式和未来的发展方向，它使银行减少了固定网点、降低了经营成本，使银行由经营金融产品的中介机构开始向提供信息和投资理财的服务性机构转变。

电子商务催生网络银行

做几下点击动作就有人送来食品和衣裳，的确很过瘾，不过这样的“戏法”没有资金做后盾是变不出来的。要实现电子商务必须保证资金能够正确、安全、及时地在网上流通，而这一点就推动了网络银行的出现和迅速发展。在网络银行出现之前，所谓的网上购物实际上只是网上浏览、网上订单、网下结算，由于结算渠道仍是传统的“一手交钱、一手交货”，电子商务的优势不能真正发挥，而这种没有网络银行参与的交易活动也谈不上是真正的电子商务。当网络银行介入之后，一切都发生了变化，电子商务的流程也真正实现了网上浏览、网上订单、网上结算。

网络银行的“血统”

其实，帮我们“变戏法”的网络银行有三种不同的“出身”。第一种，有纯正的传统银行“血统”，是传统银行在网上构建的与交易大厅、电话系统、ATM 自助设备等相并列的营销渠道，主要的功能是介绍银行的情况和发布相关的金融信息。第二种，也有传统银行的“血统”，但它具有比较大的独立性，是传统银行设置的虚拟储蓄所或虚拟分行，有相对独立的业务，在管理上是一个单独的部门。第三种则毫无传统银行“血统”而言，它是直接建立在因特网上的完完全全的虚拟银行，体制灵活、技术更新快的“野性”是它的魅力所在。

银行逐鹿虚拟世界

为了在激烈的竞争中求得生存和发展，任何一家不甘落后的银行都有足够的动力来发展网络银行，利用因特网开展新的银行业务成了银行之间竞争的新战场。美国和欧洲是发展网络银行业务最为迅速的国家和地区，其网络银行的数量之和占世界市场的90%以上。中国自1997年以来开始发展网络银行业务，招商银行、中国银行、建设银行、工商银行都陆续开通了自己的网站，支持网上支付、网上自助转账和网上缴费，初步实现了在线金融服务。

安全第一网络银行
——全球第一家网络银行

1995 年 10 月，“安全第一网络银行”（Security First Network Bank，简称 SFNB）在美国亚特兰大市成立，它是全球第一家在因特网上进行所有交易处理的开放性银行。这家银行没有建筑物，没有地址，只有网址，员工也仅有 10 人，营业厅就是网站的首页，所有交易都通过网络进行。SFNB 在成立的第二年发展客户 5000 多个，遍布全美 50 个州，吸收存款金额达到 1400 万美元。SFNB 的出现使银行的经营理念发生了深刻的变革，富丽堂皇的高楼大厦不再是信誉的象征和实力的保障，在世界各地铺摊设点以开拓国际市场的方法将被淘汰，银行之间的竞争将呈现出国内与国外、线上与线下的多元格局。

招商银行——中国网络银行的先行者

早在1997年，招商银行就敏锐地意识到网络时代所蕴藏的巨大潜力，并于当年4月在国内设立网站，开办网络银行业务“一网通”。1999年9月，招行又率先在国内全面启动网络银行服务，建立由网上企业银行、网上个人银行、网上证券、网上商城、网上支付组成的网络银行服务体系，并逐渐发展成为综合性金融理财网站。目前，无论是在网络银行技术上，还是在业务量上招行均在国内同业中处于领先地位。“一网通”现已成为国内网络银行尤其是网上支付系统的知名品牌，并被许多著名商务网站列为首选网上支付工具。2000年1月，招行网站被评为“中国十大优秀网站”。

钱放到网上安全吗

因特网的开放性导致了它的安全性的降低，资源的共享和分布更增加了网络受侵的隐患。于是，当任何人把真金白银放到网上的时候都不免会产生种种担忧。美国波士顿咨询公司曾对客户不愿接受网络银行的原因做过市场调查，结果显示，有 80% 是出于对风险因素的考虑。事实上，随着网络银行的发展，其遭受黑客攻击的事件也的确频频发生：SFNB 开业仅两个月，就有 10 000 名黑客企图非法入侵。当然，面对这样的情况，作为网络银行的经营者不可能坐视不管，各种安全措施将会不断地完善；作为网络银行的用户也不能因噎废食，网络银行必定成为我们生活的一部分。

网上证券

挤股票大厅、打委托电话早已过时，网上证券成为今日时尚。网上证券交易，即投资者利用因特网获取证券即时报价，分析市场行情，并通过网络委托下单，进行交易。这种方式已使证券交易简单到了好像是在打电脑游戏。但是，需要提醒您的是，轻点鼠标的动作可有一掷千金的分量。随着网上证券的发展，这种交易方式的优势也鲜明地体现出来。首先，网上交易打破了时间限制，跨越了地域障碍；其次，券商的网站容纳了大量信息和研究报告，满足了投资者决策的需要；此外，由于投资者足不出户，券商减少了营业部建设，整个交易的成本也降到了最低。

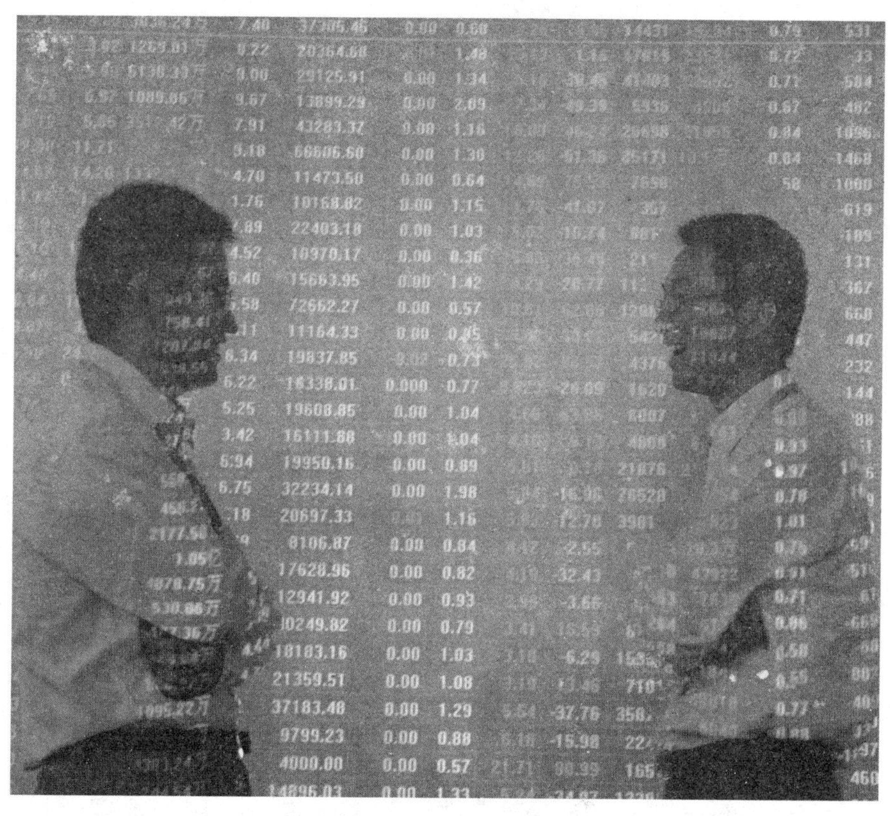

券商竞争的新战场

网上证券为投资者提供了新的交易方式，也为券商创造了激烈竞争的新战场。1995 年 8 月，摩根斯丹利首先提供了网上证券交易；1997 年初嘉信理财也开展网上业务，并成为目前最大的网上券商；曾一度排斥网上交易的老牌券商美林也于 1999 年宣布推出网上证券交易。中国的网上证券起步于 1997 年，起步略晚但发展速度很快，并出现了一批优秀的券商网站，以证券社区起家的证券之星，以财经新闻见长的和讯网，是这些券商网站的代表。

你我各天涯，风险藏其中

与其他网络交易一样，网上证券首先面临的威胁也来自于网络安全方面。由于证券的网上交易往往涉及巨额资金，一旦信息泄露会造成重大损失，因此，网上证券对安全性的要求会更高。此外，网上证券在消除了空间障碍的同时也带来了交易的信用问题。一方面投资者可能不以本人身份证开户和交易，那么在他投资失败后法律上就无法追究他的责任，而损失只能由经纪公司来承担。另一方面，一些经纪公司也可能利用客户的信息障碍使客户交易指令在公司内部成交。因此，为了网上证券的进一步发展，加强网络安全与强化对投资者和券商的监督都是必不可少的。

嘉信在网上变大

几年前，嘉信理财公司在美国是一个名不见经传的小券商。1996年，该公司推出网上证券交易业务，凭着低廉的手续费、完善的信息服务和大量的广告宣传，到1997年底，嘉信的网上客户就达到了120万。随后，嘉信以每年超过2000亿美元的网上交易额、20亿美元以上的收入、550万美元的网上客户、4330亿美元客户资产和占全美交易量30%的网上交易量跻身于美国十大券商之列。1999年底，嘉信公司股票市值达到225亿美元。在1998年美国评出的对证券市场最有影响的十大人物中，嘉信总裁也仅次于格林斯潘名列第二。

证券之星

证券之星于1996年开通，是中国第一家网络金融证券机构，也是目前中国访问量最多的证券网站，2001年1月底，网站注册用户已经突破200万大关。证券之星的网站提供包括即时行情、新闻资讯、智能选股、在线交易在内的一系列金融证券服务，其涵盖范围以国内股票为主，兼有世界其他市场的金融产品。目前，证券之星的行情数据已经为国内多家门户网站使用，约占全国70%的市场份额。证券之星独具特色的证券服务受到了业界、股民和网民的广泛好评，并在中国互联网络信息中心（CNNIC）的中国互联网络发展状况的调查中，多次蝉联金融证券类网站第一名。

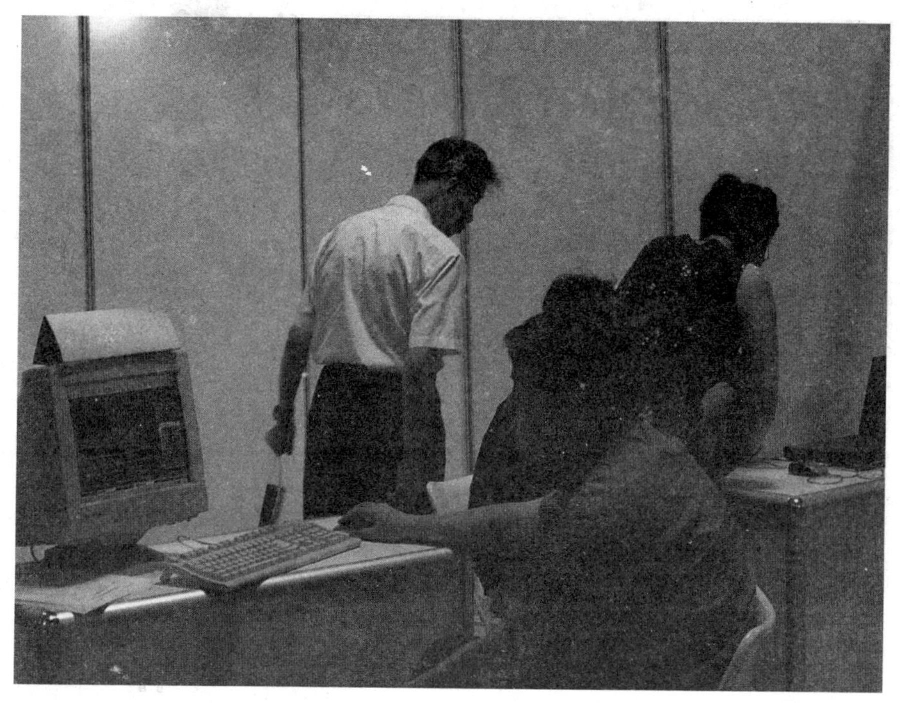

网上保险

提到保险，很多人会想到接受生硬保险推销时的无奈，会想到理赔时跑来跑去的苦恼，而网上保险出现之后，这一切将成为过去。网上保险，即保险企业通过因特网销售保险产品和提供相关的服务，它的主要目的是改变人们的保险习惯，变原来的被动接受保险为主动寻求保险。网上保险好处很多：首先，它能提供大量专业化信息，实现投保的理性化；其次，网上投保可以避免用传统方式投保个人隐私在中介环节上的泄露。除此以外，与其他的网络交易方式一样，网上保险的方便、快捷、低成本、跨越时空等优点也是传统方式所不具备的。

从网上推介到网上服务

从破土而出到枝繁叶茂，网上保险的成长大体经历了三个阶段。初级阶段为网上推介，这个阶段保险公司将精力集中在公司形象和产品的宣传上，是探索网络保险营销的起点。发展阶段为网上卖单，这个阶段的重点是网上推出直销保险单，保险公司通过网络向客户提供“半自动”的网上保险服务，即在网上对客户进行介绍和提供咨询，对客户的投保申请上门签单。高级阶段为网上服务，这是“全自动”保险服务阶段，保险公司确定客户在网上提出的投保意向后与其在网上签单，客户将保费通过网络银行划转到保险公司的账户，整个过程完全通过网络实现。

网上保险“保险”吗

其实，网上保险本身的确存在某些“不保险”的因素。对于保户而言，包含个人隐私的客户资料要通过网络传递，而一旦网络安全没有保障，客户的资料就很有可能被泄露出去。而对于保险公司而言，由于网上保险没有实体办公室，保险公司与保户间不能面对面的接触，对保户的保险信息进行评估就变得十分困难，网上保险遭遇“道德风险”的可能要远远大于传统保险方式。另外，与传统保险一样，网上保险也涉及医院、银行等相关行业的配合，而这又使网上保险的运行多了许多不确定因素。

INSWEB

INSWEB在业界有着非常高的声誉，被FORBES称为网上最优秀的站点，也是YAHOO评出的全世界50个最值得信赖和最有用的站点之一，这个站点涵盖了从汽车、房屋、医疗、人寿、甚至宠物保险在内的非常广泛的保险业务范围。INSWEB于1995年2月创立，总部设在美国加州的红杉城，INSWEB接受了软银等多家知名风险投资公司的巨额投资，但2010年陷入经济危机，最后被美国著名理财网站收购。

网险——中国首家大型保险网站

2000 年是中国网上保险发展比较迅速的一年，许多大型保险网站陆续诞生，“网险”就是其中的代表。“网险”于 2000 年 3 月由北京东方网险电子商务有限公司推出，它是国内首家大型保险网站。“网险”不是网上保险公司，也不是网上保险经纪人，而是单纯的第三方网站，是开放性保险商务平台，它介绍业内信息，比较各保险公司业务，以“网络保险超市”为经营理念，容纳多家保险公司在其网站开设“店面”，全面支持客户与保险公司的在线交易与清算。

PA18 新概念——网上金融超市

中国金融领域实行的是分业管理，银行、保险、证券之间的合作只能在小范围开展，而互联网电子商务的出现则为它们之间广泛的合作提供了机会。PA18 新概念网站正是这种合作的典型，它以网上金融超市为经营目标，提供的交易平台涵盖了全面的保险、证券、银行业务，并提供与这些方面相关的专业资讯和个人理财规划。PA18 于 2000 年 8 月开通，由平安信息网络公司推出，主要股东是平安集团，国际著名的投资银行摩根·斯坦利、高盛等也为其提供了一定的资金，并给予了强大的技术支持。

虚拟企业

知识经济需要企业加强与外部交流，构建虚拟企业、借助外力加快发展也就成了企业的必然选择。虚拟企业是企业同相关企业和个人通过信息网络建立的动态联盟，联盟成员之间都通过网络进行业务往来，联盟通常是暂时性的，它随着合作项目的开始和结束而产生和解散。虚拟企业使其每个成员都可以充分地借用外力推动自身进一步发展，并实现资源的高度整合。比如，国际上一些著名航空公司通过虚拟企业形式集成它们的航班，虚拟企业能给旅客提供一个飞行班次和航线都异常丰富的航空时刻表，而实际上只是一家虚拟航空公司在为其服务。

虚拟企业“虚”在哪里

首先，虚拟企业的人力是虚拟化的。网络把来自不同企业的人员集成在一起，使他们为一个共同的目标而协调工作。其次，虚拟企业的地域是虚拟化的。以全球互联网为依托，虚拟企业可以完全打破地域的界限，全球任何一个角落的企业或个人只要连接到互联网上就有可能成为虚拟企业的成员，由此虚拟企业也就能轻松地实现异地开发、异地制造。此外，虚拟企业的功能也是虚拟的。由于虚拟企业的成员许多功能是“外部力量”形成的，对于一个具体的成员企业而言，这些功能是它本身所不具备的，因此这样的功能对其来讲，就是一种虚拟化的功能。

地球村公司的 e 故事

1998 年，广州地球村电脑网络软件技术有限公司讲起了它的虚拟企业的故事。1998 年 10 月地球村公司开始在网上接受虚拟员工报名；11 月，虚拟员工 Jack 便为公司开发出了员工管理系统；1999 年 10 月和 12 月，地球村虚拟公司通过互联网与日本客户先后达成两项合作项目；2000 年 1 月，地球村虚拟公司启动第二期虚拟员工招聘计划……虚拟公司自运作以来，实现了软件的合作开发、设计和实施，很好地完成了许多大型项目。此外，虚拟公司还进行了网络营销，该公司的许多软件已经远销国外。

知识经济推动“头脑产业”——咨询业迅速发展

“咨询”是一种以知识、信息、技术和经验提供智力服务的工作。咨询活动是一种非常古老的社会现象，早在春秋战国时期就已存在，“门客”就是咨询从业人员的前身。如今，伴随着知识经济的到来，咨询业也进入了迅速发展的时期。由于人类物质生产和社会生活中需要运用的知识与日激增，任何人或组织都很难独立地处理他们所面临的各种问题，要真正弄清这些问题产生的原因并找出切实可行的解决方案，就必须要借助于专门的咨询研究机构的帮助。目前，许多国家的咨询业都有了长足的进步。

咨询业在中国

中国现代咨询服务业兴起于20世纪70年代末，虽然发展时间比较短，但发展的速度却非常快，咨询机构的数量增长十分迅速，咨询范围也在日益扩大。据1998年的统计，在中国工商行政部门注册的专业性咨询机构已经接近3000家，从业人员达到10万多人。仅1998年一年，全国就签订了4万多项技术咨询合同，合同总金额近15亿元。现在，中国咨询机构的业务已经涵盖了政策咨询、工程咨询、技术咨询和管理咨询等多个咨询领域。并且出现了全过程咨询、咨询代理、涉外咨询和监理等特殊咨询业务，这表明中国的咨询产业已经开始向更高的阶段发展。

生物世纪已经到来

正如诺贝尔奖获得者、美国著名化学家罗伯特·柯尔在 1996 年所讲的那样，“20 世纪是物理学和化学的世纪，下个世纪显然是生物学的世纪”。21 世纪，生物技术将深刻地影响整个社会，并完完全全地融入人们的生活。人们将逐渐学会利用转基因技术创造出高产并防病虫害的农作物，利用遗传工程制药来赶走心脏病、癌症和艾滋病等人类生命的“大敌”，利用克隆技术复制动植物及其器官用于农业生产和医疗。当然，今天的生物技术还很不成熟，人类在此领域遇到的许多难题还没有很好地解决，而且由此还产生了转基因食品是否安全、克隆技术冲击社会伦理等许多问题。

生物芯片产业：前景巨大的产业

生物芯片技术是一种高通量检测技术，它的发展和成熟将为疾病诊断和治疗、新药开发和环境监测等领域带来一场革命，同时也将为人类提供能够对个体生物信息进行高速采集和分析的强有力手段。因此，基因芯片及相关产业必将取代微电子芯片产业，成为新兴的前景异常广阔的产业。

美国在生物技术竞争中“领跑”

世界各国都对生物技术的发展“给予”了高度的重视，并纷纷参与到这个新技术的竞争大潮之中。然而，20 多年来，世界生物技术发展的中心一直在美国。美国生物技术公司的数量远远超过世界其他国家，美国实验室和公司获得的生物技术专利最多，美国生产的基因工程产品也最多。1995 年，在美国至少设立了 1311 家生物技术公司，而同期欧洲国家设立的生物技术公司只有 400 家左右，数量不到美国的 1/3。而日本与生物技术相关公司的数量和规模与美国的差距则更大，其中以制药业最为明显，美国从事生物制药的公司数量至少是日本的 12 倍。

俄罗斯的生物技术

随着世界各国生物技术的发展，俄罗斯的生物技术也得到了长足的进步。在俄罗斯不仅农科院，其他研究单位，如农业部、俄罗斯科学院和高等院校都在进行基因工程的研究。俄罗斯已经掌握了改造动植物生长激素，改良动植物品种，培养有特殊性能的工业用、农业用和医药用转基因动物等先进生物技术，俄罗斯拥有了能在生物世界美餐一顿的“金碗”。然而，许多亟待解决的问题也在困扰着俄罗斯生物技术的发展。资金不足、科研与市场脱节等现象依然存在。

知识经济的新细胞——科技园区

应该说，人类在科学技术产业化方面最重大的创举就是建设科技园区，也称高技术产业开发区，它是知识经济的新细胞。知识经济以高科技产业为支柱，科技园区则是高科技产业孕育和成长的基地。科技园区紧靠大学，人才集中，基础设施完善，风险投资发达，创业气氛活跃。它将大学、科研机构和生产企业融于一体，将知识的生产、传播和应用紧密衔接，它保证了高科技产业的迅速、持久发展。它一经出现便在世界流行，从美国的“硅谷”到英国的“硅沼”，再到以色列的“硅溪”，各式各样的科技园区已如雨后春笋般兴起在全球各个角落。

从研究园到高技术产业带

推动知识经济发展的科技园区形形色色，但究其实质可将其归结为研究园、加工型高技术产业区和高技术产业带等几种主要类型。研究园是以大学为基础，仿效硅谷模式创办的科技园区。加工型高技术产业区是大公司生产厂的集中地区，一般自然形成，通常不进行或很少进行研究开发工作，日本的硅岛、美国达拉斯——奥斯汀“硅草原”是其代表。高技术产业带是在已有一定高技术工业基础的地区，经进一步开发建设而形成的经济实力雄厚的高技术产业地带。这是一种投资少、见效快的方法，加拿大的“北硅谷”是其典型。

硅谷

美国西海岸加利福尼亚州圣克拉拉县的一片果园，经过斯坦福大学和一大批创业者的艰苦努力，仅用30年的时间，便发展成为举世瞩目的科技园区——硅谷。硅谷是科技园区的鼻祖，在高科技领域内，任何地方都没有硅谷那样具有影响。今天，全世界最大的100家高科技公司中有大约1/5的公司把总部设在了硅谷，仅其中最大的5家公司的收入加在一起就有400亿美元之多。几十年来，在硅谷这片肥沃的土壤中诞生了数千家公司和难以计数的百万富翁。硅谷的成功向世界展示了科技园区的巨大生命力，受其影响，世界其他各国也纷纷开始建设自己的科技园区。

“肖克莱”在硅谷中“裂变”

科技园区为企业的成长提供了肥沃的土壤，也为企业“裂变”式发展提供了可能，同时这种“裂变”也会为科技园区的发展起推动作用。“肖克莱研究所”是在硅谷成立的第一家半导体公司，它就在硅谷实现了“裂变”，并对日后硅谷的发展产生了巨大影响。1957 年，8 位工程师脱离“肖克莱”创建了“仙童半导体公司”。之后，有许多工程师又脱离仙童半导体公司创建新公司，这其中包括著名的“英特尔公司”。1969 年美国举行了一次重要的半导体技术会议，与会的 400 多人中竟然有 380 多人在仙童工作过。到 1979 年，从仙童公司分裂出来的高科技公司达到了 50 多家。

硅沼升华“剑桥奇迹”

20 世纪 60 年代兴建的剑桥大学科学园，致力于将大学科研与企业相结合，涉及生物、电子、计算机等多个领域。20 年后，这片土地上集中了近 500 家高新技术企业，为 4000 多人提供了就业机会，年产值以数亿英镑计。这座欧洲最成功的科学园被称为“剑桥现象”或“剑桥奇迹”。1996 年，布罗厄斯就任剑桥校长，推动剑桥周边形成信息技术园区“硅沼”，而“硅沼”的建立又为“剑桥奇迹”注入了新的生命力。“硅沼”之名，得自剑桥周边信息技术企业所在的那片沼泽地。几年间，“硅沼”冒出了 1000 多家高新技术企业，雇佣员工 3 万多名。

印度班加罗尔——亚洲硅谷

班加罗尔是印度南部著名的花园城市，以风光秀丽、气候宜人而出名。近年来，班加罗尔又以其计算机软件业闻名世界，被誉为亚洲硅谷。2001 年，联合国开发署在世界新兴工业城市中将班加罗尔排名第四。20 世纪 90 年代初，印度政府根据信息技术发展的潮流，特别是美国信息高速公路发展的趋势，制定了重点发展计算机软件的长远战略，并在班加罗尔建立了全国第一个计算机软件技术园区。2000—2001 年度班加罗尔的计算机软件出口达 16.3 亿美元，10 年内上升了 108 倍。如今，班加罗尔已经成为印度计算机软件“心脏”，吸引了全球 400 多家著名信息技术公司在此投资。

中关村——中国第一个国家级高新开发区

中关村是以北京新技术产业开发试验区为主体的区域，从20世纪80年代开始发展，如今已经成为令全世界瞩目的高科技园区。中关村科技园区的发展历史应该追溯到改革开放之初的中关村电子一条街，然后经历了从电子一条街到北京新技术产业开发试验区，再到今日中关村科技园区的成长历程。现在，中关村已经成为首都经济的主要增长点，而且在全国也产生了良好的影响。1999年，中关村科技园区一区五园技工贸总收入达到1049亿元，年增长速度为19.6%。现在的中关村已经拥有一批国内外知名的优势产品。

"中国光谷"

众所周知，光电子产业已成为一个增长迅速、市场潜力巨大的产业。有人预言，这一产业可能在21世纪成为全球最大的产业，并引领人类文明由电子时代步入光子时代。世界各国都在积极地发展光电产业，中国在上海、北京、长春和武汉等地也成立了"光电子产业园区"，即"光谷"。2000年，"中国光谷"已和境内外100多家著名公司达成130多个项目的合作意向，新增各类专业人才6000多人。"中国光谷"有着光电产业美妙前景和大批企业、资金、人才的支撑，未来会更好。

风险投资

知识经济的发展得益于高科技产业的发展，而推动高科技产业发展最强劲的动力应属风险投资。风险投资是新公司设立时的“种子”资金，它使企业家的理想变成现实的公司，生产出新的产品或提供服务，创造出巨大的价值。根据美国风险投资协会的定义，风险投资是由职业金融家投入到新兴的、迅速发展的、有巨大潜力的企业中的一种权益资本。风险投资主要是投资人对创业期企业尤其是高科技企业或高增长型企业提供资本，并通过资产经营的方式对其进行培育和辅导。在企业成长发育到相对成熟的阶段后风险投资便退出，以此实现自身资本的增值。

风险投资的“发迹”史

风险投资起源于美国，经过几十年的发展和完善后，在世界范围内流行。新兴的中小企业，特别是高科技企业的强烈融资需求是风险投资产生的根本原因。1946 年，美国研究与开发公司（ARD）的成立标志着风险投资诞生。1958 年，美国政府也参与其中，风险投资发展成一个行业。但到 20 世纪 60 年代末，美国经济萧条、金融萎缩，风险投资规模明显缩小。直到 1978 年美国降低资本收益税和出现半导体、个人电脑大发展后，风险投资才进入快速发展阶段。20 世纪 80 年代，风险投资在全球掀起发展热潮，目前风险投资已经成为对经济发展起重大推动作用的金融产业。

高风险也要高回报

风险投资可以说是最勇敢的投资，它为刚起步的高科技中小企业融资，而这些企业在技术、管理、市场等多方面都存在很大的不确定性，即便是在发达国家这类企业的成功率也只有20%～30%，风险之大显而易见。当然，风险投资的勇敢并非出于冲动，而是出自风险投资家的专业判断。风险投资通常投资于一个包括10个以上项目的项目群，而这些项目都处在信息技术、生物工程等高增长领域，只要有一个项目获得成功，就会给投资者带来几倍，甚至是几十、几百倍的投资回报，这部分回报在弥补失败项目的损失后，仍然可以获得十分丰厚的收益。

风险投资善打“游击战”

“打一枪，换一个地方”是风险投资惯用的战术。风险资本在市场中四处活动，哪里有风险极高的新技术开发活动，风险投资家就会随之出现在哪里，他们极力捕捉每一个可能获利的机会。对捕捉到的对象经严格审查后便开始“下手”，由于投资风险很大，风险资本通常对选定的项目也只投入一部分，一般不超过50%，其余部分邀请其他风险资本参与投资。当被投资企业经几年的成功经营后，在社会上有了一定的影响，其股票就能够上市。这时，风险资本便抛出被投企业的股票，实现其投资回报。此役告捷，风险资本会在市场中盯上新的“猎物”，并伺机行动。

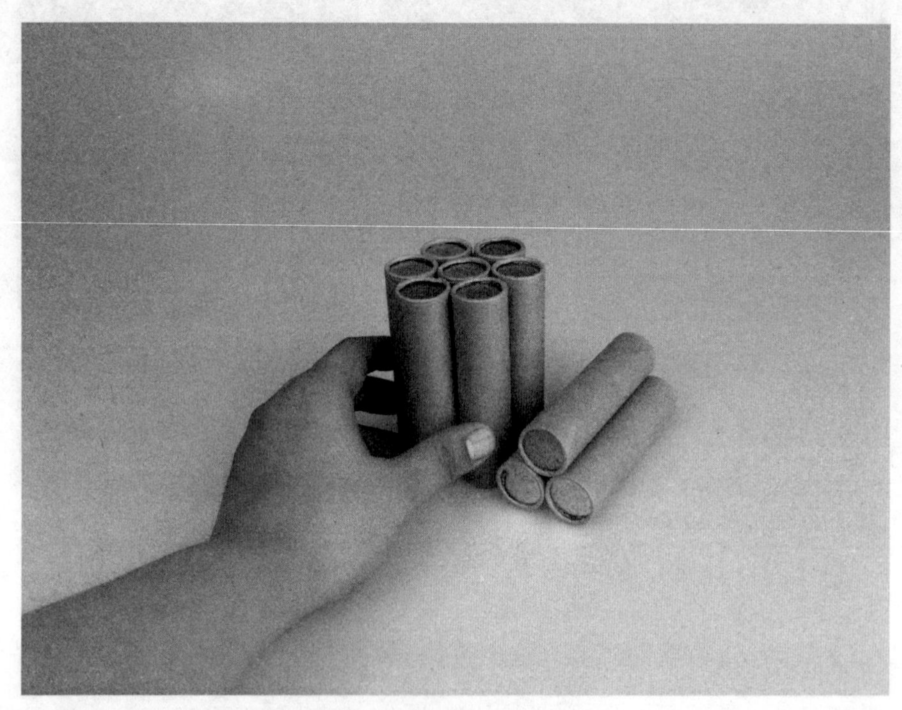

拿谁的钱去冒风险

由于各国国情存在差别，因此，各国风险投资的资金来源也有所不同，但它们的主要来源还是可以归结为以下几种：第一个来源是富有的家庭和个人，这一类投资者在资本市场上投入了大量资金；第二个来源是机构投资者，这其中包括公司退休基金、公共退休基金、大学后备基金和各种非获利基金会的基金，这些机构投资者是风险投资的主要资金来源；第三个来源是大公司的资本，出于战略考虑，一些高科技大公司也设有风险投资部门，或直接投资于与自身战略利益相关的风险企业。此外，私募证券基金、共同基金等也是风险投资资金相对重要的来源。

“游击战”的撤退路线

由于风险投资是在“游击”中获利，所以它不会一直陪伴企业的成长，一个项目的投资无论成败，风险投资都会“撤退”。而一般来讲，风险投资“撤退”主要有四条路线可走。第一，首次公开发行（IPO）。这是风险投资最佳的退出渠道，投资会得到很高的回报。在美国，大约有 30% 的风险投资采取这种方式退出。第二，出售。由另一家公司收购被投企业，通常这种方式的收益率是 IPO 的 1/5。第三，回购。由创业者购回风险投资公司所持的股份，这通常只作为备用退出方式。第四，清算和破产。“游击”受阻也是常事，这种方式一般只能收回原投资额的 60% 左右。

风险投资鼻祖 ARD 的大手笔

1946 年美国哈佛大学教授乔治多里特首开风险投资之先河，创立了美国研究开发公司（ARD）。ARD 最成功的运作范例是从 1957 年起对 DEC 进行了总计 40 万美元的风险投入，使得当时发誓要与 IBM 公司一争高低的 DEC 终于得以顺利开发出 PDP 系列计算机，公司收入从 1965 年的 1500 万美元上升到 1966 年的 2300 万美元，真正成为当时可以与 IBM 相抗衡的对手。经过其后 30 多年的不断发展，在 1997 年度“全美 500 大”企业排名表上，DEC 已成为排名第 118 位、资产总额 97 亿美元、年销售收入 130 亿美元的大型跨国企业。1998 年 DEC 与 Compaq 计算机公司合并，合并后的 Compaq 公司在 1999 年排名中名列全球第 70 位、全美第 20 位。

IDGVC——第一个进入中国的美国风险投资公司

DG技术创业投资基金（IDGVC），原名美国太平洋技术风险投资基金(中国)，于1992年由全球领先的信息技术服务公司——国际数据集团（IDG）建立。IDGVC是第一家进入中国市场的美国风险投资公司，它对中国的投资集中于国际互联网、信息服务、软件、通讯及生物工程等高科技领域。迄今为止，已向中国创业公司投资超过1亿美元。1998年10月，IDGVC与中国科学技术部在北京签署合作备忘录。根据这项备忘录，IDGVC将在7年内向中国高新技术企业投资10亿美元，大力扶植中国发展高新技术产业。IDGVC总部设在北京，并在上海、广州、天津、深圳以及美国的波士顿和加州硅谷设有分支机构。

中创——中国首家创业投资公司

1986 年，在国家科委的领导下，中国第一家创业投资公司——中国新技术创业投资公司（中创）成立了。中创公司通过投资、贷款、租赁等业务，为风险企业提供了资金支持。成立初期，对中国科技成果的产业化做出了较大贡献，但后期因炒作期货、房地产，导致公司被清算。1998 年，中国人民银行终止了中创的金融业务，这样，中国首家专营风险投资的金融机构结束了它的发展历程。当然，中国发展风险投资的脚步并没有就此停止，中国科招高技术有限公司、广州技术创业公司等多家风险投资企业在其后相继出现。

二板市场

风险投资“撤退”的路线有很多条，而“二板市场”是其最爱选择的一条。二板市场（Second Board）是和主板市场（Main Board）相对应的概念，又叫作中小企业市场、创业板市场或小盘股市场，它是指主板以外专门为具有潜在成长性的中小企业和新兴企业提供筹资渠道的资本市场。二板市场对上市公司经营业绩和资产规模要求相对较松，但对信息披露和上市管理十分严格。二板市场主要是为解决企业在创业过程中处于幼稚阶段中后期和产业化阶段初期在筹集资本方面的问题，以及这些企业的资产评估、风险分散和创业资本的股权交易等问题而设立的。

风险投资唤出二板市场

二板市场可以说是风险投资为“撤退”方便而开辟出的新路线，风险投资是推动二板市场产生的直接原因。风险投资不是实业投资，一般情况下它不会自始至终地陪伴一个企业的发展，它的主要目的是在实现企业高度增值以后退出，从而获得高额回报。当一个企业高成长期结束，风险资本就要撤离，去寻找新的回报更高的企业进行投资。而在风险投资“撤退”的几种方式中，推动企业公开上市是最为理想的方式。可是，一般中小企业通常达不到在主板上市的标准，风险投资通过主板上市退出的可能很小。于是，风险投资只好另辟蹊径，二板市场也就应运而生了。

NASDAQ（纳斯达克）——高科技企业成长的摇篮

NASDAQ 市场于 1971 年诞生，与 1792 年诞生的纽约证券交易所相比要年轻了许多。但在经历了 30 多年的发展之后，NASDAQ 的上市公司总数和成长速度均超过纽约证券交易所，成交额和市值等主要指标也与纽约证券交易所处在伯仲之间，应该说 NASDAQ 是世界证券市场发展中的一个奇迹。NASDAQ 的主要服务对象是中小企业，上市标准相对较低。虽然在 NASDAQ 上市的公司来自各个行业和部门，但 20 世纪 90 年代以来的情况表明，高科技企业是这个摇篮中成长最快的孩子，而世界著名的微软、英特尔、Novell、3Com、Nextel、Network General、MCI、TCI 等则是这群孩子中最为茁壮的几个。

不看“出身”看未来——NASDAQ的“独特眼光”

与传统股票市场相比，NASDAQ 最具特色的地方在于它观察融资方的独到眼光。传统股票市场看中的是上市公司的“出身”，而 NASDAQ 看中的是它们的未来。传统股票市场由于担心高科技公司风险大而采取了排斥方针，而 NASDAQ 则采取积极欢迎的态度，它不要求上市公司的业绩面面俱到，在各个要素中，有一个不符合要求没有关系，只要其他要素符合标准即可。事实证明，正是由于 NASDAQ 这种定位使其获得了传统市场忽视的空间，抓住了新经济为证券市场带来的机遇，一举成为世界最具活力的市场。1999 年美国《商业周刊》选出的 100 家增长最快的公司中有 87% 在 NASDAQ 上市。

做市商制度——NASDAQ 的杀手锏

做市商制度（Market Make Rule）是 NASDAQ 与其他证券交易所的主要区别所在，是 NASDAQ 在激烈的竞争中得以所向披靡的杀手锏。做市商制度，也叫庄家制度。做市商是一些独立的股票交易商，为投资者承担某一股票的买进和卖出。有了做市商，买卖双方就无须等待对方出现，直接与做市商进行交易即可，做市商相应地承担买或卖的另一方责任。这种方式对于保证市值比较低，交易次数比较少的股票的交易起了重要作用。做市商制度增强了市场的稳定性，扩大了 NASDAQ 的影响力，吸引大量世界著名的企业在 NASDAQ 上市，同时这种制度也造就出了一大批优秀的机构投资者。

竞争与互补——二板与主板的“恩怨情愁”

二板市场与主板市场同处在一个大市场体系之中，它们之间的竞争自然是不可避免的，但二者之间也存在一定的互补性。首先，既然二者的市场定位有重叠之处，它们之间就必然要有竞争。NASDAQ 与纽约证券交易所多年的竞争就是一个生动的例子。其次，资本市场在适应不同资本需求时会表现出多层次性。主板市场为有影响的大公司筹资服务，二板市场为规模较小，但发展潜力巨大的公司筹资服务。可见，主板与二板这段“恩怨情愁”的故事是不可避免的了。不过，这故事还是有许多好处的，互补使市场体系变得健全，而竞争又使两个市场不断发展、不断完善。

知识经济的先导产业——教育业

经济的发展离不开自然资源和人力资源，如果说工业经济的发展主要依赖于自然资源的消耗，那么知识经济的发展主要依靠的则是人力资源的开发和利用，人力资源将是提高现代生产力的核心。由于人力资源开发、利用和积累主要取决于教育，于是教育业必将成为知识经济时代的先导产业。而且，知识经济条件下教育将区别于传统教育，它不仅要传授知识，而且还要生产知识。也就是说，教育不但要培养出高水平的人才，还要对知识进行物化，搞产品开发。教育将既是培养人才的事业，又是生产知识、物化知识的特殊产业。

知识经济时代的教育——素质教育

素质教育是知识经济时代教育的核心任务。获取知识的能力、运用知识的能力和创造新知识的能力将成为决定知识经济时代国家、企业和个人在激烈的竞争中输赢的关键。而这种能力就是个人、企业和国家综合素质的核心。美国学者德鲁克说：“在知识社会，有教养的人是学会了学习的人。”应该说，知识经济时代教育的主要任务已经不是传授知识，而是素质的培养，即教师已经不再仅仅是讲授知识，还要教给学生获取知识、运用知识和创造知识的方法，培养学生创造性解决问题的能力、科学探索的精神及灵活的应变能力等多种内在素质。

教育新模式——“终身教育”

知识经济时代，知识老化的速度变得越来越快，一个人在学校学的专业知识无论多么“现代”，经过3～5年的时间也会变得过时。为了适应时代的要求，“终身教育”出现了。“终身教育”又称“回归教育”“更新教育”，是指完成了某一教育阶段的人，在其参加工作之后重新接受一定形式的、有组织的教育。“终身教育”的实现形式有许多种，一种是回到大学进一步深造；一种是职工在“边干边学”以外接受企业组织的专门培训；还有一种是社会业余教育，如日本的技术工人在训练所、养成所、教习所等接受培训，而管理人员可以到研修所和教育中心去学习。

超时空的“虚拟学校”

“终身教育”除了上文介绍的几种实现方式以外，又出现了一种新的实现方式，即通过网上的“虚拟学校”进行远程教育。美国宾夕法尼亚州的 14 所大学联合实施的网络教学就是这种方式的一个例子。这 14 所大学的教材都上了网，图书资料实现共享，学生可以不受时间和空间的限制，直接在网上选课和学习，教师也直接在网上批改作业。虽然这种学校是虚拟的，而它的教育成果却是真实的。目前，中国许多大学都在网上开设了远程教学的站点，有些大学还给在网上接受教育的学生颁发了毕业证书。

知识经济席卷全球

知识经济在全球化、信息化和网络化的推动下产生，并迅速发展成为一次席卷全球的浪潮。世界各国都对知识经济的兴起给予了高度重视，为适应经济发展的这一新形势各国纷纷加大对科研开发的支持，加快电信基础设施和互联网络的建设，积极推动电子商务的发展，兴建科技园区，发展风险投资，设立二板市场，增加教育投资。此外，世界各国还实施一系列发展知识经济的宏伟计划：欧盟要建设“知识化社会”，德国要确保知识经济大国地位，爱尔兰要大步迈向知识经济，日本要走向数字化时代，韩国要成为“头脑强国”，印度要成为软件大国……

知识化社会

知识社会是一个以创新为主要驱动力的社会，是一个社会的人民的受教育水平成为经济和社会发展基础的社会。信息技术的发展使得更多的大众作为用户也能深深地参与科技创新的进程，进一步带动创新形态、社会形态的嬗变。知识社会中的职业在很大程度上要求某些或更高程度的教育。

知识经济与网络泡沫的膨胀

看完前面的内容，您也许开始为这种能给人类创造新财富的经济形式欢呼了，然而我们还需要向您提个醒，知识经济与其他的经济形式一样，它的发展不可能是一帆风顺的，挫折是在所难免的，网络泡沫的膨胀和破灭正是知识经济面临的一次严峻考验。网络泡沫的膨胀始于 1999 年，从这年起人们对与网络沾边的一切都表现出了极大的兴趣。网络股价成百倍地暴涨，NASDAQ 指数 1999 年连创 50 多次新高；网络公司数量急剧增长，声势浩大的“Internet 圈地运动”席卷全球……而正是伴随人们这种近似疯狂的“网络情结”，网络泡沫也开始形成并越吹越大。

网络泡沫的破灭

如果把1999年称作为网络泡沫膨胀之年，那么2000年已经成为网络泡沫破灭之年。这一年，纳斯达克股市出现剧烈震荡，股票指数一度从其最高峰时的5000多点跌到最低时的2000点以下，缩水一半以上；新上市的公司放弃了原来那种要千方百计地同网络挂钩的想法，而有的经营网络生意的公司甚至把“.com”从公司的正式名字中去除了；银行和投资机构对新创立的网络公司兴趣也开始大大降低，投资者一看到网络两字便大把撒钱的事再也没有了。

知识经济的思辨

网络泡沫的破灭、电信业的受挫，对知识经济是一次洗礼，它让投资者亏损破产，把那些服务质量低劣、收入和利润微薄、运作模式不良的公司淘汰，而这种“大浪淘沙”对知识经济的健康发展是大有裨益的。在知识经济的发展初期，必然会出现鱼龙混杂的局面，由此导致其中大量泡沫成分的存在，但是，这并不意味着知识经济与泡沫之间有着某种必然的联系。知识经济必将成为未来经济的新模式，这已经成为共识，也许它尚处于发育阶段，但对待知识经济，我们必须充满信心！

中国迎接知识经济的挑战

知识经济已经扑面而来，无论你欢迎不欢迎、喜欢不喜欢，它都将成为21世纪世界经济的主导形式。我们当前的主要任务就是根据中国国情和条件，适时制定正确的发展战略和具体的应对措施，迎接知识经济对中国的挑战。2001年世界银行发布的题为《中国与知识经济：把握21世纪》的报告也指出，面对21世纪日益增大的社会、政治和经济压力，在过去已取得经济增长和扶贫成就的基础上，中国需在发展战略上做出重大调整，以提升和建立驾驭知识革命所必需的新型体制和基础设施。

个人理财

与企业一样，个人的财富也需要保值、增值。面对同样的财富，我们的祖父曾将其埋藏在地下，以便世代流传；我们的父辈将其存入了银行，以便获得利息；如今，我们有了更多的选择。我们可以将这些财富存入银行、投资实业、买卖股票债券、购买期货……各种各样的方式令人眼花缭乱。于是，对于个人而言，如何分配自己的现有财富，如何进行组合投资，便成为一个日益重要的问题。随着个人财富的不断增多，人们越来越清醒地意识到，保值不是目的，增值才是根本。

第二章

财富碰撞——创造财富的艺术

财富总是令人向往，而财富并不总是摆在我们眼前，它往往深藏于“迷宫”的某个角落，需要运用我们的智慧和一双善于发现的眼睛才能挖掘得到。当我们初次置身于财富的迷宫时，每个人的心中都难免会忐忑不安，因为此时的我们一面渴望自己能够找到鲜美的“奶酪”，一方面又害怕自己在寻找“奶酪”的路上迷失方向，甚至被撞得鼻青脸肿……盲目地乱冲乱撞必然会让我们付出过于惨痛的代价。

世上没有免费的午餐

我们生活在一个财富迅速膨胀的时代，每个人都在以自己的方式创造财富，享受财富。可以肯定地说，这个时代最伟大的工程就是创造财富！既然是创造，我们就不可能整天坐在家里梦想着天上会掉馅饼；即使某一天真的掉下了一张馅饼，你也千万别梦想着它会砸在你的头上。历史的经验早就告诉我们，守株待兔者不是财富的创造者。一个更现实的问题是，不是财富的创造者，你就没有资格成为财富的所有者与享用者，偶然的所得不是没有可能，但对于整个社会而言，财富创造的唯一动力是劳动，而不是一味地假想。

挖个坑再填平的意义

财富创造的动力是劳动，然而财富创造的过程，对于我们大多数人而言，却是一个既熟悉又陌生的概念。正如我们所知道的，并非所有的劳动都会创造财富，比如我们在自己家的花园里先挖一个坑，然后再将它填平，在你看来，你的确是在努力地劳动，然而我们却无法想象出这种劳动对于社会财富创造的意义。然而在现实中，居然真的存在着这样的劳动，而且的确是为社会创造了财富。一方面它增加了劳动的机会，解决了一部分人的吃饭问题；另一方面，它也同时增加了我们用以衡量社会财富的指标——国民生产总值，可以想象的是，这种劳动的存在也许还会带动其他产业的发展。

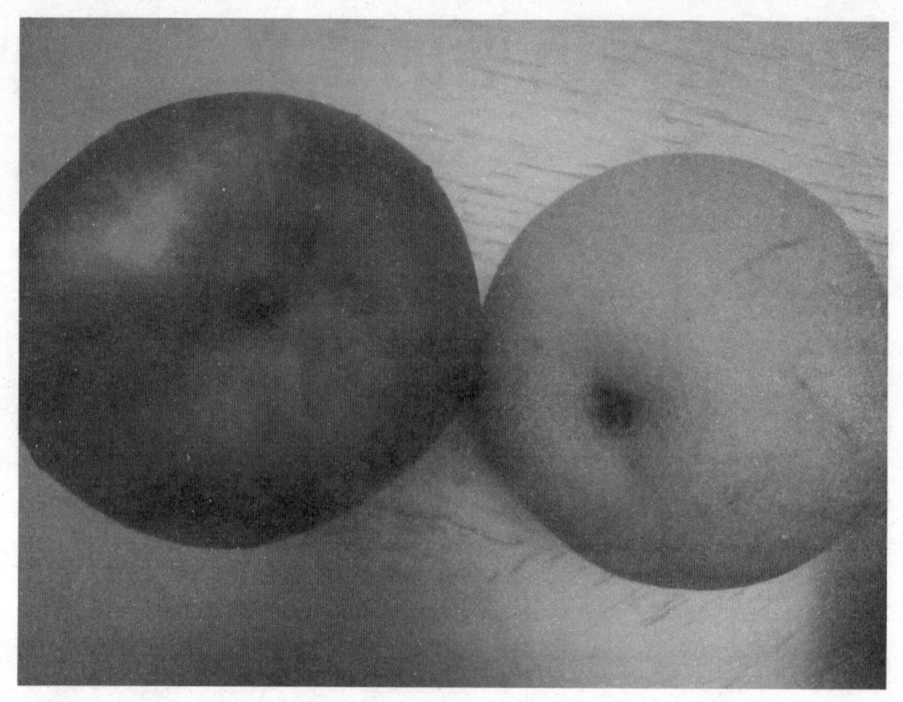

1+1 > 2

从前面我们刚刚讲到的例子中，我们似乎已经粗略地开始感觉到个人与社会在经济生活中的差别。其实这种差别体现在很多方面，比如我们现在将要谈到的这个似乎存在明显错误的不等式。假设一个人独立劳动的结果是一只苹果，而另外一个人的劳动的结果是一只鸭梨，加在一起，两人所创造的财富只是一只苹果和一只鸭梨。但假如两个人在一起合作，发挥各自的优势，共同劳动，获得的成果可能要比一只苹果和一只鸭梨多得多。这其中的道理就是“比较优势”，在现实中，我们称之为“协同效应”。正是由于协同效应的存在，社会中的人才不是孤立的人。

企业——时代的宠儿

人要想创造财富，就必须加入到社会中去。而随着社会经济的发展，企业渐渐成为社会的最佳缩影，成为我们这个时代的宠儿。在那里，人们通过各种各样的形式相互联系，相互合作，充分发挥了协同效应的优势。那么，是否企业越大，这种协同效应就会发挥得越淋漓尽致呢？这曾经是一个固有的定律，然而，现在世界各国的企业巨头开始渐渐放弃这个游戏法则。富士通放弃 IBM 兼容大型机业务，意味着一个时代的逝去，对于日本 IT 巨头而言，不再是无休止的“进军”某一领域，时常尝试收缩战略，也渐渐变成了一种“风尚”。人们越来越清醒地意识到，规模并不是一切，竞争力才是根本。

借鸡生蛋

企业要想发展，就必须首先拥有一定的资本。然而单纯地依靠自己的资本来创造财富，力量似乎显得过于“单薄”。于是，“借鸡生蛋”成为一种绝妙的创造，它在现代企业的发展中起着不可估量的作用，然而，一个不可忽视的问题是，借来的“鸡”早晚是要还回去的，作为对别人的一种补偿，我们还要同时附带着几个“鸡蛋”。于是，这便成为企业决策的一个重要方面：借不借？借多少？盲目或者过渡地依赖这种绝妙创造的结果可能会加大企业经营的风险，甚至会导致企业的破产。

不要把所有的鸡蛋放在一个篮子里

投资，往往可以被看成是财富创造的开始。无论是企业，还是个人，在投资之前都会面临许多独立项目的选择。但是，我们究竟该如何选择呢？一个明显的事实是，只要我们能够首先选择某种适合的方法将各种方案进行排序，我们就可以很轻松地进行项目的选择。但困难的是，如何排序呢？单纯地比较未来可能创造出的财富的大小，似乎只是一种过于粗略的方法，因为这时我们忽略了风险的因素。即使我们面对的是一个可能创造出巨大财富的方案，我们也不应该倾尽所有，孤注一掷，因为它毕竟还存在着许多不确定的因素。“不要把所有的鸡蛋放在一个篮子里”——这是投资专家们挂在嘴边的一句话。

用脚投票

这是一个近乎令人费解的词汇。用脚怎么投票呢？其实这是一个非常形象的比喻。当人们无法通过举手来发表自己的意见，表达自己想法的时候，还有另外一个选择，那就是选择离开或者放弃，即所谓的“用脚投票”。一个常见的例子是，某公司的小股东在重大决策表决时，举手投票的作用微不足道，这时，他的想法根本无法得到别人的认同，于是怀揣壮志的他完全可以放弃其所持有的这个公司的股份，转而进行另外的重新选择。这种“用脚投票”的结果，往往加大了资产标的的流动性。

“贪婪”一点

贪婪是人类的天性，无论对知识、爱情和金钱。有些人会贪得无厌，永不满足。生意人经商，赚钱永远是最重要的目的，创造就业、服务社会，都是从属的目标。如果商人做生意不求回报，那就不算是经商。可见，在经济领域，一定程度的“贪婪”是必要的。没有这点儿“贪婪”，社会财富的创造也许会大打折扣。

经济人的道德底线

经济人假定不但不是对性善的价值否定，而且即使是在事实判断的意义上，这一假定与那种“人对于人是狼”的说法也全然不同。道理很简单：人们没有见到狼群中存在市场，更不能设想狼和羊进行交易。经济人的概念假定人是合理自利的，即他们不会抢劫，也不愿被抢，每个人都有捍卫自己合法利益的权利和能力。于是经济学只能预设交易，不能预设慈善，也不能预设抢劫。从某种意义上来讲，这是法律所允许的合理范围，也正是我们所说的经济人道德底线。

贫富差距与社会公平

有了前面的论述，我们一方面明确了财富创造过程的协同效应，对财富有了“共性”的认识；另一方面也知道了经济人假定的含义，对财富的分配有了“个性”的认识。从某种意义上讲，这两者是统一的，但更现实的问题是，理论上的统一无法代替现实的差距。背负着“贫富差距”的人们从来没有间断过对于社会公平的倡导。但究竟什么是公平？这也是一个争论已久的话题。事实永远那么残酷，绝对的公平是没有的。因为只要存在着市场，只要存在着竞争，就会适用适者生存的定律。

未来是如何决定现在的

未来决定现在——这是一个近乎悖论的观点。然而它确实是事实。我们都熟悉的股票就是一个非常好的例子。股票的价格是由什么来决定的？是在股票中耗费的人类劳动吗？是股票的印刷成本吗？不，都不是。股票的价格取决于其未来可能获得的收益的大小。简单地说，预期未来收益高的股票，其价格就高；预期未来收益低的股票，其价格就低。未来决定现在，这是现代经济社会中的一个普遍的经济规律，但是这一规律得到普遍的认同时间并不久远。值得注意的是，这种决定关系与马克思的劳动价值论并不矛盾，马克思在他的著作中已经认识并详细论述了这一观点。

昨天的一元钱不同于今天的

财富的多少有很多衡量标准和表示方式。但我们往往习惯于用货币来衡量财富。在这种情况下，便出现了另外一个问题——时间是不是财富？如果是的话，这种财富应当怎样衡量？前一个问题的回答是显而易见的，时间当然是财富。而对后一个问题，我们可以通过这样的例子来理解，即昨天的一元钱要比今天的一元钱更有价值。其中的差额便是我们所说的货币的时间价值。从某种意义上讲，对于时间价值的理解可以扩展到对于利息、工资等定期收付一定金额的所有经济活动的本质的认识。

经济学的困惑

自然科学往往在我们面前呈现出一些恒久不变的规律，而且往往可以精确计量。而经济学却与之不同，它很难用一个固定的模型来描述不同时间、不同地点、不同社会的所有经济情况，而且它很难对各种经济现象进行精确计量。这是历代经济学家们的困惑，也是经济学本身的困惑。正是由于人的因素的存在，经济学变得如此令人难以琢磨，但值得注意的是，经济的运行和发展仍然会呈现出许多可以把握的规律，从这个意义上讲，经济学也是科学。

经济学的“盲区”

经济学到底是在研究什么？从本书所谈及的角度来讲，经济学是一门研究财富的创造和分配的科学。所以，凡是涉及人与财富的关系的问题都应当归入经济学的研究范围，然而，现实的情况却与我们的期望存在很大的差距。习惯上，我们往往从规范的角度得出结论，说“应当怎样”，而很难预先从实证的角度设定未来会出现的情况，并在理论上给予合理解释。也正因为如此，许多社会经济领域中的新问题都是我们在研究财富之初所无法预见的。比如说，圈钱、上市包装、关联企业转移利润……这些敛财伎俩都曾是经济学研究的“盲区”。但这些却是我们在研究财富时所不能回避的。

股票

股票是股份公司发行的所有权凭证，是股份公司为筹集资金而发行给各个股东作为持股凭证并借以取得股息和红利的一种有价证券。每股股票都代表股东对企业拥有一个基本单位的所有权，持有它就拥有公司的一份资本所有权。

企业文化

企业就是社会的最好缩影，因为这里保持着社会上人与人之间的最基础联系——协作与竞争。麻雀虽小，但五脏俱全。作为一个“小社会”，企业中自然少不了文化的要素。文化，其本身是一个与经济竞争无关的概念，从表面上看来，若想将它与一个市场上参与竞争的主体——企业有机地结合起来，似乎有些牵强。但是从企业发展的内涵来理解，这已经成为企业长期发展的一个必要的动力。这就好像我们每一个人一样，从表面上看来，我们的生活中离不开物质的要素，但是从根本上看，假如我们失去了文化内涵的支撑，我们的生活就和动物没有了本质区别。

价格战——争夺财富的武器

竞争的方式多种多样，而以需求者的心理需要为出发点的竞争策略显得更具有杀伤力。于是，这成为市场上许多竞争主体争夺财富、争夺客户的有力武器。价格战早在物价刚刚开放之时就已出现，然而直到1996年，一次次乍起的彩电疯狂降价，才将“价格战”演练成为全民烂熟的词汇。这是一场没有硝烟的“战争”，但却是一场令人心痛的角逐。商家、厂家面对市场的激烈竞争，一面要提高企业利润，另一面却不得不降低产品的价格；一面要扩大市场份额，另一面却被迫放弃种种创新机会。于是，他们在矛盾中痛苦地前行，努力寻找着一种所谓的财富最大化的平衡。

私募基金——金融市场潜藏的“定时炸弹”

也许人们还会清楚地记得2001年3月的“中科创业”事件，对于许多人来说，那是一场不堪回首的噩梦。以养鸡为主业的中科创业，在股市上曾经像孔雀一样光彩照人，可惜这只漂亮的孔雀没能永远伪装下去，在惊心动魄的9个跌停板后，中科被打回原形。此后，庄家吕梁由幕后走到台前，他将自己的组织形式类比为国外的“私募基金”。几千亿的私募基金正活跃在股市中忙碌的人们身边，但它显得相当神秘。它已经成为一股地下暗流，游走于黑暗与阳光之间。有人将它比喻成金融市场上的潜藏的“定时炸弹”，一旦“爆炸”，几千亿的由泡沫搭建起来的财富大厦将一下子从人间彻底蒸发。

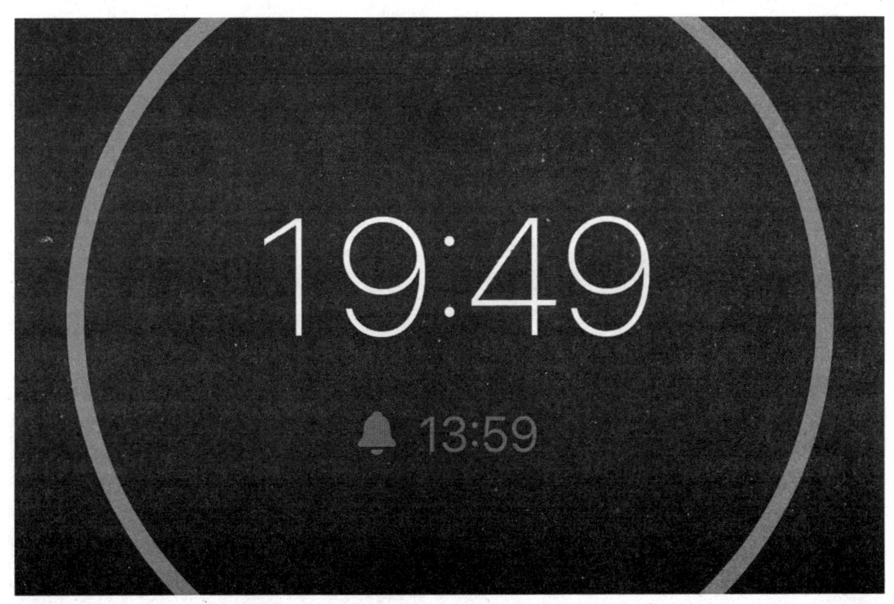

盗版与造假——真假财富

财富是人类劳动与智慧的结晶。任何人都会将自己在经过努力后所获得的成果视为至宝。而其他人要想获得这种财富，就必须付出代价。这是一个保护财富创造者的最基本的原则，也是我们倡导知识产权的真实意图所在。然而在现实中，有些人通过盗版与造假等“捷径”同样可以获得财富，甚至可能是超过财富创造者的超额财富，这难免有些令人感到不平衡。从某种意义上讲，这种行为的后果的确加速了知识转化为财富的进程，但是从更长远的角度来看，对于假财富的默许将彻底毁灭未来真财富的创造。

上市的“捷径”——努力经营

对于一个股份公司而言，能否获得上市的机会决定着其未来的发展前途。也正因为如此，每个企图上市的公司都在想尽办法寻求上市之路。然而，现实是残酷的，并不是每个公司都能获得这样的机会。如今上市的门槛越来越高，上市的条件也越来越苛刻。公司怎样才能越过这样的门槛？答案其实只有一个——靠自身的努力经营。

搭便车

尽管在前面我们强调“世上没有免费的午餐”，但是在财富创造的实践中，每个人的内心都多多少少残存着那么一些企图“不劳而获”的念头。所以，当许多人共同面临一个决策，而这个决策行为的结果又会自然地创造出公共产品的时候，总会有人想不去努力而同样获得利益。于是，搭便车行为便由此产生了。对于单个的受益者而言，这成为一种获得财富的窍门，但对于同样面临这个决策的所有人而言，这个决策是一个必然的选择。但是，假如所有人都心存这种思想而且不愿付出的时候，这个窍门就不再那么灵验了。

关联企业“财富”的产生

财富在某种程度上包含着认为“伪造”的成分。也就是说，采用不同的记录和核算方法，我们得出的财富总量可能会存在着一定的差别。这种差别的存在是人类现实所采用的计量方法的固有瑕疵。当所有的关联企业都宁可称为地球，围绕同一个太阳（上市公司）转动的时候，上市公司的一批价值 1 元钱的商品就可以卖到 100 万，甚至更高。于是，“财富”就这样“产生”了……

创造“新财富”的新动力

不同的时代，财富的创造依靠不同的动力。仿佛还在昨天，人们听到“新财富”一词，还会发愣，财富也分新旧？而今天就大有“新财富”一统天下之势了。“新财富”到底带来了什么，这恐怕并不是一个很好回答的问题，一个在很短的时间里就被说烂掉的词，在很长时间里也没有确切的定义，但它却实实在在地给我们带来了一大堆新名词。我们对这些词汇感兴趣的原因是它们已经成为创造财富的最新动力。其实它到底怎么定义并不重要，重要的是它带给人类一种全新的生产方式。以下我们将要谈到的就是一些创造了新财富的伟大动力。

农民进城

淳朴、诚实，这是对于中国农民传统的描述。然而在改革开放经历了这些年以后，单纯地用这样的词汇来描述中国的农民则显得过于粗线条。过去，在我们日益感受着时代变化的时候，我们很少去真正挖掘是谁创造了今天的巨大财富。我们不能低估企业家的贡献，也不能小看科学家的智慧，但同样，我们更不能无视中国农民在经济建设中的伟大力量。中国曾经经历过城市人口下乡到农村的时代，现在却有着一个相反的经历——农村人口走进城市。他们一方面保持着中国农民传统的风格，另一方面也在不断适应新的形势，成为创造新财富的生力军。

商誉

商誉和品牌是一对相近的概念，但它的内容更加宽泛。它在更大程度上包含了品牌、企业信誉、企业实力等一系列要素。正因为如此，我们衡量一个企业的价值，往往不是单纯地评估其现有资产或权益的价值，而是将企业本身看成是一种商品，看看这种特殊商品在市场上的价格。最简单的方法就是评估股票价格总和。这种买卖价格与其自身资产价值的差就是我们所说的商誉。商誉是否存在是一个企业是否有发展前景的重要标志,更进一步说,商誉的大小,是衡量一个企业发展前景大小的重要标志。

复合型人才

对于人才，在不同的学科中有不同的解释。在与财富相关的讨论中，我们更侧重说明财富创造对于人才的要求，即现代社会究竟什么样的人算得上是真正的人才。历史上，人类的财富创造过程经历了由独立劳动到简单分工，再到复杂协作分工这样三个阶段。与此相对应，对于人才的要求却经历了一个看似巧合的循环：即从对于人的复合型要求到人才的专业化，再回到对人才的复合型要求。但是应当指出的是，前后两个阶段的相似并不意味着历史的倒退，相反，却意味着一个历史阶段的提升。现在，我们所说的复合型人才要既懂技术，又懂管理；要既有专业，又知识全面。这是对于人才的更高要求。

诚信与“黑幕”

从绿茵场上的“假球”“黑哨”，到市场上的假冒伪劣产品，我们已经见识过太多的黑幕现象。然而，无论从哪个角度看，黑幕的背后隐藏的都是一个“终极目标”——攫取财富。由此我们不难想到，在与财富关系更为直接的经济领域，是否也存在着违背诚信的“黑幕”？只要存在经济利益的地方都会有人去“投机”，只要有漏洞的地方都会有人去“钻营”。人们痛恨“黑幕”，于是，诚信成为我们共同的呼声。

商业伦理

从商业的角度看，其追求的是利益；从道德的角度看，其崇尚的是伦理。因此，无论如何，商业和伦理都是不搭边的组合。但是，既然我们强调诚信，我们如何来给诚信确定一个可以令人接受的标准？单纯地依靠法律也许只是在依靠外部力量惩治不诚信的行为，但是我们更强调的是，给人一种标准，鼓励人们从内心出发，发扬诚信的精神。

经济板块

一种自然的力量将地壳分成6大板块。与此相似，也存在着一种社会的力量将社会经济分成若干“经济板块”。这是一个形象的比喻，无论在理论中，还是在现实中都给了人们许多遐想的空间。经济板块的概念以行业为依托，一方面超越了单个经济主体的范围，另一方面实现了对于整个经济体系的分类。正如我们所知，地球板块运动的结果是地震以及山脉的凸起和海沟的凹陷，而经济板块运动的结果却是企业的“地震”。行业的“凸起”与“凹陷”。正是由于这种运动的存在，我们的经济运行过程才会显得令人异常难以把握。然而，值得注意的是，以板块为整体的“运动”同时加速了经济的发展进程。

企业购并——大鱼吃小鱼

经济板块的形成首先是行业内经济主体之间“斗争”的结果。更准确地说，就是优胜劣汰、大鱼吃小鱼的结果。其突出表现为收购和兼并两种形式，统称为购并。当然，在这里我们强调的是形成经济板块的企业间横向购并，而不包括上下游不同行业间的纵向购并过程。但无论哪一种方式，其结果都表现为企业规模的扩张，从而实现购并企业市场竞争能力的增强。但是，正如我们可以预想得到的，在这个过程中，被购并的目标企业却不会轻易放弃自己苦心经营多年的成果，他们必然要想出各种各样的“招数”来对付“敌人”的恶意购并。

寻找“白衣骑士”

被并购的目标企业防止被恶意收购的一种方式是为自己首先寻找一位“白衣骑士”——善意的收购者。这是目标企业在受到敌意威胁时寻求“外援”的一种方式。并购，作为经济行为的一种，缘何又能与“善”“恶”构成联系？评判“善”“恶”的标准又是什么，简单地说，这里的“善”“恶”是基于目标企业的角度而言的。我们把一个目标企业比喻成一位准备出嫁的新娘，那么她心中的“白马王子”对她来说就是善意的，而带着一群喽啰前来抢亲的山大王对她来说就是恶意的。当新娘为了避免被抢的命运临头的时候，就可能会选择主动嫁给“白衣骑士”，以寻求得到保护。

“金色降落伞”

这是防止被恶意收购的另外一种方式。从历史的经验来看，公司一旦被收购，其原有的高层管理人员几乎都将遭到撤换。“金色降落伞”则是一种补偿性协议，它规定在目标企业被收购的情况下，高层管理人员无论主动还是被动地离开原有的职位，都可以领取到一笔巨额的安置费用。与之相类似，还有针对底层雇员的“银色降落伞”。表面看来，这种协议是在保护企业的员工，但其更为实质的作用是在提高并购企业的并购成本，使之难以按照原有的成本实现收购的目的。但值得注意的是，支付给管理层的巨额补偿反而可能诱导管理层低价将企业售出，加速其被收购的进程。

“皇冠上的珍珠”

与前面两种方式相反，这种方式不是提高收购者的成本，而是从另一个角度出发——降低收购者的收益。从资产价值、盈利能力和发展前景等各方面衡量，在混合公司内经营最好的企业或者子公司被喻为“皇冠上的珍珠”。这类公司或企业通常会诱发其他公司的收购企图，成为并购的目标。目标企业为了顾全大局，保全其他子公司，可以将“皇冠上的珍珠”卖掉或者抵押出去，从而减少了收购者的收购兴趣，实现反收购的目的。在实践中，成为“珍珠”的往往不只包括企业，有可能同时还包括某项技术、某种权利，或者是目标企业存在的某种优势地位。

“毒丸计划”

“毒丸计划”也是降低收购吸引力的一种方式。它至少包括两种方式：“负债毒丸计划”和“人员毒丸计划”。前者是指目标公司在收购威胁下大量增加自身负债。比如，发行债券并约定在公司股权发生大规模转移时，债券持有人可以立即要求兑付，从而使收购公司在收购后立即面临巨额现金支出。“人员毒丸计划”的基本方法则是公司的绝大部分高级管理人员共同签署协议，在公司被以不公平价格收购，且这些人中有一人在收购后被革职或降职时，则全部管理人员将集体辞职。实践中，“毒丸计划”成为反收购的一种有效方式，因为其在很大程度上加大了收购者的风险。

焦土战术

这是公司反收购战略中的一种最差选择，是公司在遇到收购袭击而无力通过以上方式进行抵御和反击时，所采取的一种两败俱伤的做法。例如，将企业中引起收购者兴趣的资产卖掉，使收购者的收购意图难以实现；或者增加大量与经营无关的资产，大大提高企业的负债，使收购者因考虑收购后严重负债问题而被迫放弃收购。从某种意义上来说，这种方式或许也会达到反收购的目的，但是很可能由于这种做法最终导致保存下来的企业很难继续经营，因为它在反收购的过程中已经付出了惨痛的代价。

人力资源

前面探讨的种种企业应敌战略的核心无外乎是企业生存的权宜之计。然而在现实中，除了生存，发展更应当成为企业追求的具有长远意义的目标。发展靠什么？知识经济发展的结果使我们面临一个现实：发展的决定因素越来越趋向于知识以及作为其载体的人。人从创造的神坛上渐渐滑落下来，成为与资本、技术、原料等并列的一种资源。从某种意义上说，这并不是对于人的主体地位的否定，而是对于人本身特有能力的一种推崇。目前，很多企业都开始设立人力资源部门，希望通过这种努力，达到企业人力资源化。

资本家与知本家

这是两个相近却完全不同的概念。前者强调更多的已经不是人的概念，而是其所投入的资本。在现代社会中，特别是随着股份全民化的发展，资本家的概念已经渐渐失去了往日的光彩；与之相反，“知本家”却成为一个时髦的字眼。“知本家”概念的提出者姜奇平说：“我对‘知本家’的认识简单地说是‘以知识为本的人’。这里的‘知识’既指资本，也指根本、基本，‘知本家’既包括企业家，也包括思想家。”这一概念的意义在于：一方面把知识经济的核心概括出来了，知识不再是一般的资源、手段，而是内核；另一方面把知识分子从舞台边缘推向了中心。

职业经理人

职业经理人是“知本家”的典型代表。目前，中国已经出现了一大批这样的优秀人才。他们一方面掌握着大量的企业管理理论，同时拥有丰富的实践经验。职业经理人的出现是一个社会走向成熟的重要标志。大凡职业经理人一般不会遭遇失业，但也有例外。比如：所去的公司属于新建立的企业，不规范且无序，如果再遇上情绪易波动的老板，那么职业经理人的“用途”将左右摇摆。既然不能发挥自己的才能，又不能提高自己的才能，可能还会降低自己的工作效率，直接影响工作的情绪，那么，最终只有选择“走为上”的策略，而面临失业的危机。

激励与约束

对于企业的社会化，最重要的就是要实现资本与“知本”的分离。然而作为所有者的资本家绝对不会放任自己的财产，任人“挥霍”。分离是必然的，但如何能在分离的情况下保证资本的保值与增值？激励和约束是两种不同的选择。单纯地使用任何一种方式都不可能很好地实现资本所有者的初衷。于是，就需要将两种方式有效地结合起来。激励是要付出代价的，约束也是要付出代价的。如何能够使两者所付出的代价之和最小，这是资本家在既定投资企业中的唯一决策。应该明确，这种决策不是单个资本家的个人偏好，而是多数股东共同的选择。

风险投资

前面谈到的是资本家在既定投资情况下的决策行为，但对于他们来说，更重要的一种决策是对于投资对象和方式的选择。风险投资（Venture Capital，简称 VC）近些年在 IT 界可谓使用频率很高的词汇之一，只是近期大有下滑之势。当初借互联网的东风，VC 似乎一夜间就席卷了大江南北，风险投资可是最稀缺的资源，各网站对它们奉若神明，那时，似乎所有人都在寻找风险投资，VC 之声自是满天飞。如今这边好项目难找，VC 走下神坛；那边股指又一个劲跳水，弄得人心惶惶。这就难怪“风险投资”这个词使用率反而下降了。

资源共享

资本家也好，知本家也罢，无论处于什么样的角色，都可以将他们看成是企业发展资源的提供者。资本家的资金一旦投入企业，就为企业知本家创造了发挥其才智的空间；知本家一旦成为企业的雇员，其劳动的成果就成为资本家收获的一部分。这种资本与知本的分离和合作，是比较优势理论在现代社会中的绝妙演绎。原本孤立的资源在这种方式下得到了高度的共享。严格地讲，这只是资源共享在现代企业中最朴素的一例，然而却从根本上让我们感受到了它的精美之处。

家族企业

家族企业是一种特殊类型的企业。在这里，除了我们在前面谈到的企业内合作与竞争关系以外，人与人之间还存在着不可割断的亲情。这就使得企业变得有些不像企业了。家族企业的天然封闭特性本能地为人力资本引进设置了障碍，这样就很难形成“命运共同体”。太太、儿子、秘书、司机怎么管？这是家族企业管理中的一个令人头痛但又不能不解决的问题；由于在人员管理上不得不花费过多的精力，往往导致对品牌、商誉的忽视。此外，以血缘关系维系的大多数家族企业主要以模仿为主，产品质量仍是主要问题。

扩大内需

前面我们一直探讨的问题都与财富的创造者——企业有关。下面我们将把视野转向财富创造机制的另一群主体——消费者。从本质上讲，财富的创造机制是一个供给与需求的平衡机制。仅有供给，没有需求，则是对于资源和财富的一种浪费。在这种情况下，如何扩大内部需求，如何加速消费就成为一个迫在眉睫的问题。市场经济是反对过度“节俭”的。传统的“新三年，旧三年，缝缝补补又三年”的理论已经不适合现在的市场经济。试想，如果每个人都怀有这样的消费观念，生产出的产品该卖给谁？企业又怎能进一步发展？

假日经济和会展经济

中国在前两年曾一度面临着通货紧缩的压力，扩大内需成为政府的主要经济政策之一。在这种政策的倡导下，出现了“假日经济”“会展经济”等经济现象。“假日经济”的突出表现是消费在时间上的集中，在每年“十一”、春节等长假期间，消费者表现出比平时更高的消费热情。“会展经济”的出现在很大程度上是相互效仿的结果，如举办农博会、汽博会等展会，全国相继掀起了会展高潮。

消费主义文化

正如我们在前面提到的，企业内部有文化，消费也有文化。这种文化的来源往往不仅在于企业提供的消费品和企业本身，而是来自消费者自身的个人需求，这是很容易理解的一个道理。我们购买一件外衣，选择的标准不仅是可以保暖、价格低廉，同时我们还要注重它的样式、风格以及其所包含的内在美感。这是对于消费品的文化内涵的最简单描述。更突出的一个例子是，我们对于艺术品的需求绝对不是基于生存的必需，而是基于对于文化的感悟。把握消费者的文化需求也是一个真正成功企业所必须注意研究的。

效益工资

什么是美？“劳动者是最美的。”这句来源于生活的经典结论是不应当被我们忘记的。当我们探讨财富创造的时候，自然也应当关注财富的真正创造者——劳动者。正是由于劳动者提供了劳动，自然资源、资本、知识、劳动这些生产要素才能真正结合起来。正是由于劳动的这种特殊性质，劳动者本身也兼具了财富的创造者与享有者的双重身份。劳动者获取工资的方式也出现了与以往不同的变化。作为对劳动者积极性的激发，与效益相挂钩的方式似乎比以往的计时、计件方式更加具有合理性。从某种意义上讲，这是一种更具时代意义的“多劳多得、少劳少得”。

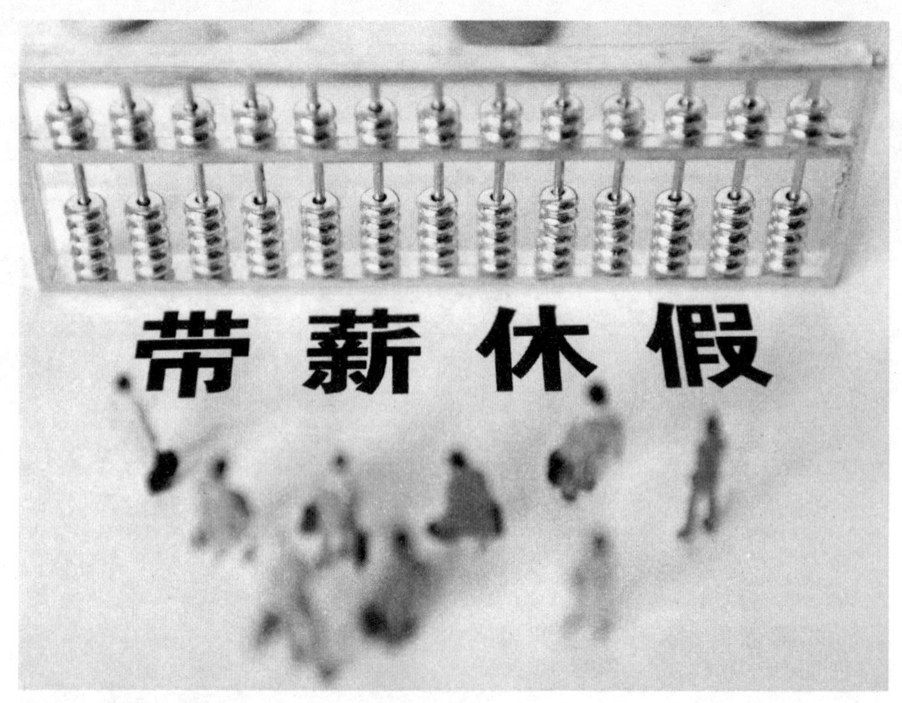

年薪制

当许多人还在追求每月可以获得更高的收入的时候，“年薪制”却悄然来到我们身边。也许直到目前为止，还有很多人不理解月薪与年薪在本质上的区别。一个月发一次工资和一年发一次工资有什么不同？其实，关键的问题不在于多长时间发一次工资，而是在于一次可以发多少。更严格地说，由月薪到年薪的转变不仅是计量期间的变化，更重要的是，它是一种衡量劳动价值的层次上的飞跃。可以说，这种对于个人工资发放方式的发明创造的意义不亚于股份制对于现代企业的意义。目前看来，当一个人有幸成为获得年薪一族时，他的劳动价值便得到了较大的肯定。

下海

在中国，“下乡”“下海”“下岗”分别体现了三个不同历史时期的特有经济现象。“下海”热潮尽管已经退却，但仍然是我们记忆中不可磨灭的一笔。早在20世纪80年代末、90年代初，一批“真的勇士”毅然放弃了自己原有的工作，远走他乡，跳入了茫茫商海，开始与波涛搏击。他们经历过挫折，经历过失败，也曾有过胜利的微笑。如果说，中国的市场经济能够得到如此迅速发展是一种开创性的进步，那么下海的勇士们就是造就这种进步的真正开拓者。

自由职业者

这是一个不错的名称，却可能表明了一种用传统观念无法理解的潮流。顾名思义，它的界定标准就是看有没有工作单位，换言之，凡是没单位的人都可以被称之为“自由职业者”。正当许多人为将来的就业问题发愁的时候，却有一些人主动地放弃了现有的工作，而加入到了自由职业者的行列。自由职业者的存在是社会的一种需要。他们可以通过自己的劳动，获得应该获得的财富。尽管对于未来仍然有些迷茫，但他们毕竟可以通过努力，迈出第一步。

首席执行官（CEO）

首席执行官（Chief Executive Officer，简称 CEO）是 20 世纪 60 年代美国进行公司治理结构改革创新时的产物，拥有更多自主决策的权力，是一个企业中负责日常事务的最高行政官员，所以又称行政总裁、总经理等。其主要有三个职责：第一，推销公司整体形象；第二，对公司重大事务进行决策；第三，营造一种促使员工愿意为公司服务的企业文化。